比較教育叢書總序

　　比較是一種普遍的心靈活動，任何具有進步意識的人，或多或少都會今與昔比，己與彼比，以爲自己在時空交織而成的歷史情境中，找尋合宜的安身立命之所。今與昔比事實上就構成了歷史層面的比較，己與彼比包括的不只是人與人之間的比較，也擴及於地區之間、國家之間，甚至於文化之間的比較。就歷史層面之比較而言，孔子從「周因於殷禮，殷因於夏禮」而推論出「其後百世可知也」，可以說是從歷史比較中，推演出人類典章制度之發展法則。就空間之比較而言，春秋時代吳公子季札從各國音樂風格之不同，而評析各國政教得失，可以說是不同文化風格之比較。

　　比較雖爲普遍的人類心靈活動，不過把比較提升到科學方法層次卻是十八世紀末葉的事。十八世紀以降，承襲啓蒙運動探索可靠科學知識之訴求，各種學術研究領域也有導向科學化的要求。比較被認爲是建立客觀有效科學知識的方法，解剖學、語言學、法學與宗教學等均曾試圖以比較方法來建立其本身的科學知識體系。教育研究也在這種學術氣氛下，將比較提升到科學方法層次，試圖透過比較來建立嚴謹的教育科學。比較教育之父朱利安（Marc-Antoine Jullien de Paris, 1775-1848）在一八一六至一八一七年刊行的「關於比較教育工作的計畫與初步意見」（Esquisse et vues Préliminaires d'un Ouvrage sur l'éducation comparée）中就指出：「比較解剖學已

經促進了解剖學的進展，同樣的比較教育研究也可提供新方法，以導使教育科學趨於完美。」比較方法之運用即在於導引出真正的法則，使得教育能夠建立成為實證科學。

一旦真正教育發展法則確立，朱利安認為便可據以為進行本國教育改革之參照。十九世紀的重要比較教育學者如法國的庫辛（Victor Cousin）、英國的安諾德（Matthew Arnold）與美國的曼恩（Horace Mann）等咸認稍作修正而移植他國的制度是可能的，因為其基本信念以為教育通則既適用於各國民族與國家，其他國家的教育改革經驗亦因而可以運用於本國的教育改革。

一九〇〇年英國薩德勒（Michael Sadler）首先質疑教育制度移植的可能性，他認為學校之外的事務較之學校之內的事務來得重要，學校之外的事務主宰並詮釋學校之內的事務。質言之，教育制度植根於民族文化，不可能作橫的移植。自是而後，比較教育開展了教育的民族性、因素分析、文化形式、影響因素與動力等的研究，一九三〇年代以迄於一九六〇年代的比較教育大家如康德爾（I. L. Kandel）、韓斯（N. Hans）、許耐德（F. Schneider）和馬霖森（V. Mallinson）等均進一步的開展薩德勒的基本觀點，透過比較研究探討教育現象與社會及文化現象之間的基本關係。

對於教育制度與社會文化之間基本關係之探討，一九六〇年代以降比較教育中的實徵論者嘗試以自然科學中的因果法則來加以分析。尤有甚者，過去以國家教育制度為主要分析單位，徹底的實徵論者將制度肢解為變項（variables）來處理。這種論述的方式，也遭致詮釋學、批判理論、現象學、俗民方法論等研究取向之批判。這些論爭的背後，隱含著一個比較教育的一個危機——比較教育在學術體系中的地位並不明確，無法確立自己本身的學科認同（disciplinary identity）。

不管比較教育研究的理論與方法有多紛歧，比較教育從朱利安以迄於當代的主要理論，均有一種改良主義的企圖。比較教育研究雖有建立解釋教育發展之理論知識之意圖，然最終終將研究成果轉而為教育改革的政策。晚近世界各國教育改革均極重視比較教育研究，試圖借助於比較教育研究的成果，來釐定高瞻遠矚，而又具體可行之教育改革政策。

　　本叢書的編纂主要針對比較教育兩個發展主軸：理論知識的建構與教育決策的形成。本叢書的理論系列部分將以深入淺出的文字對比較教育中的重要理論加以闡釋，使讀者對於比較教育這門學科的發展有通盤的瞭解。另外，本叢書也將對世界主要國家的最新教育發展動態，進行分析，使讀者能夠掌握世界性的教育改革動態，而認清我國當前教育改革之定位。因此，本叢書不僅可以提供專門研習教育者作為基本讀物，對於關心我國教育改革前途者亦極具參考價值。

楊深坑　謹識

序

　　在人類文明史上，二十世紀的這一百年期間有著空前的成長
與突破。延續啓蒙時代點燃人性追求創新知識的內驅力，科技的
發展一日千里；悲天憫人的終極關懷觸動了提升人際互動所必須
的知識普及，教育成了滋潤心靈最佳的處方。本世紀在教育方面
的發展，可以說是人類最引以爲傲的成就，它不僅讓每一個人化
愚爲智，增益人性光輝，帶動社會進步，經濟快速成長，人類文
化也有了活水而源源不竭。

　　我國過去這一百年來，在教育體制的建置是劃時代的巨構，
與傳統君王時期不相統屬，卻是汲取先進諸國的經驗淬礪而成。
其間，隨著時代改變與社會需求，教育興革推陳出新，與時俱進，
教師專業卓然成形，課程教學內涵亦扣緊社會脈動，取精用宏，
理論與實務兼籌並顧。尤其是在台灣五十年的教育發展歷程，更
彰顯世人所樂道的台灣經驗，有著豐碩無比的績效，留下珍貴的
文化紀錄。本年度中國教育學會以「跨世紀教育的回顧與前瞻」
作爲年刊主題，旨在就這段人類文明史上值得喝彩的偉大基業，
作一番檢視與反省，並爲迎接千禧年的來臨找尋一新的仰角，以
開拓更寬廣的視野及境界。

　　本年刊所輯錄的十篇論文，係國內傑出教育學者專家的特邀

專稿。其內涵有史哲脈絡清晰的檢證，提出鞭辟入裡的解析；有政治經濟範疇的鉅觀透視，以剝繭抽絲的方式，導出因果關聯；也有深入文化層面，進行國內外實質內容的比較分析。而所涉及的教育學術與實務，則從教育哲學、教師專業、技職體制、課程發展、教學策略，以及教育財經爭辯、科技人文對話等，在在看出本世紀教育理論與實際應用，相互激盪而逐步落實到各級教育體制的軌跡，其發展固值得大家回味無窮，但回顧來時路之餘，本書許多論點將可提供教育工作同仁，以及關心二十一世紀教育發展的社會各界人士，一份很重要的參考資訊。

　　本書之得以順利出版，首先要感謝執筆的十一位學者，對於中國教育學會的支持，惠賜鴻文。本會梁秘書長恆正的辛勤策畫、方秘書鉅川、謝如玲小姐的多方聯繫，功不可沒。揚智文化事業公司慨允印行，贊助學術、推廣教育研究的熱忱與貢獻，在此也表示衷心敬佩之意。

中國教育學會理事長

簡茂發　謹識

中華民國八十八年十一月

作者簡介

周愚文：國立台灣師範大學教育學系教授
楊深坑：國立台灣師範大學教育學系教授
溫明麗：國立台灣師範大學教育學系教授
楊啟棟：玄奘大學人文社會學院教授
賴香如：國立台灣師範大學衛生教育學系副教授
李復惠：中台醫護技術學院護理學系講師
單文經：國立台灣師範大學教育學系教授
鄧惠欣：香港中文大學教育研究所博士研究生
楊洲松：國立台灣師範大學教育博士
姜旭岡：國立暨南大學比較教育研究所博士研究生
丁志權：國立嘉義師範學院初等教育學系副教授

目　錄

影響我國近百年教育發展的重要
教育改革述評

周愚文

壹、前　言

　　傳統中國教育的重心，是以儒學、書院及科舉制度為主，然
而這套制度至晚清鴉片戰爭後才開始出現變化。同治元年
（1862），設立京師同文館，這是首次西式官學的出現，但是這
些新學堂的影響是局部的、少數的，對於天下千千萬萬的士子而
言，他們仍延續由官學而科舉，經科舉而入仕的老路。至於根本
性的變革，則是光緒二十九年（1904）頒布「奏定學堂章程」以
後的事。光緒卅一年清廷正式下詔廢科舉，於是傳統教育正式告
終，意味著西化時代的來臨。此後百年中，教育制度雖歷經大大
小小的變革，各自影響程度也不一，但總的方向仍不脫以西方為
師。本文旨在探討百年中幾次變革幅度大、影響程度深且遠的教
育改革，依序分析其背景、改革重點、意義，然後綜合討論其共
通處，最後再試圖從其中找出一些啓示或殷鑑。

貳、四次重要改革

如前言所述，如以變革幅度大、影響程度深遠作爲選擇標準，則在近百年中至少有四次官方的教育改革值得提出，它們依序是：(1)光緒二十九年「癸卯學制」的建立；(2)民國十一年（1922）「壬戌學制」的實施；(3)民國五十七（1968）九年國民教育的推行；(4)民國八十三年（1994）行政院教育改革的推動。這四次變革，在時間上，分別涵蓋了近代史上晚清、民初、國府遷台戒嚴時期及解嚴後。雖然在這段期間，還有其他局部性的教育改革、課程實驗及民間所發起的教育運動，但發於前述標準本文均從略，以下茲依序對這四次教育改革加以探討。

一、癸卯學制的建立

首先，就改革的背景言，西方學制的引入中國，並非自光緒二十九年始。早在同治年間所謂「洋務運動時期」爲因應變局即開始嘗試辦理西式的學堂，依其性質大致可分爲三大類，分別是：外國語學堂（如京師同文館）、技術學堂（如船政學堂）及軍事學堂（如天津水師學堂）。然而這些學堂具有以下特徵：

1. 就爲制建立言，充其量只是個別、獨立的教育機構，尚未形成一套制度。而且橫斷式的由西方移植到中國，在制度上缺乏縱的銜接與橫的聯繫。
2. 在程度上，近於中等學校層次。

3.就性質言,名雖屬專門學校上,但依其教育內容觀之,則又近於普通學校[1]。而且就學生人數言,若與天下士子總數相比,則顯得稀少,因此其變動實不足以撼動傳統的教育制度。

直到庚子事變後,清廷才有意進行全面性的改革。光緒二十八年(1902)清廷頒定「欽定學堂章程」,史稱「壬宣學制」[2]。然該制未及實行即廢[3]。次年,另頒「奏定學堂章程」,史稱「癸卯學制」[4]。光緒三十一年清帝詔命廢科舉[5],突施逾千年的傳統教育至此告終,正式開啓二十世紀中國西式教育的新紀元。

其次,就改革重點言,「癸卯學制」分為三段七級。第一段為初等教育,計十三年,分為三級,即家養院四年,初等小學五年,高等小學四年。第二段為中等教育,計五年,僅有中學堂一級。第三段為高等教育,計十一至十二年,分為三級,即高等學堂(或大學預科)三年,分科大學堂三至四年,通儒院五年[6]。如由小學堂入,至大學堂畢業需二十一年。不過此制將女子排除在外,直至光緒三十三年(1907),學部頒布「女子師範學堂章程」及「女子小學堂章程」後,女子教育才取得合法的地位[7]。此制實施至滿清滅亡止。

復次,就改革的意義言:

1.此制是在形式上完全揚棄傳統教育制度,全面橫向地移植西式新教育。這種另起爐灶的作法,形成教育文化上的斷裂。然而在實質上,仍與舊教育藕斷絲連。因為校舍多沿舊儒學與書院的建築,只是換塊招牌;師資仍多來自舊式知識份子,只是換個面孔;至於課程與教材,雖加入了體育、音樂、數學、科學等,但是「中學為體、西學為用」

是其精神所在。

2. 它代表晚清的教育改革，由個別新教育機構的實驗，發展
   到完整三級教育制度系統的建立，上下銜接，左右聯繫。
   然而仍由於是移植，因此水土不服的現象一直未消失。

二、「壬戌學制」的實施

一九一二年民國成立後，雖然教育部曾於元年（1912）九月
新頒「壬子學制」[8]；之後，至二年（1913）間，又陸續頒布各
項學校令，綜合起來，成為一個系統，稱為「壬子癸丑學制」[9]。
該學校系統計十八年，其中初等教育七年，中等教育四年，大學
連預科六至七年[10]。「壬子癸丑學制」雖是經過修訂，但基本架
構仍沿晚清舊制，沒有根本性的變動，故本文不擬深讀。以下將
專談民國十一年的「壬戌學制」。

首先，就改革的背景言，「壬子癸丑學制」頒行十年，發現
許多缺點，並因教育思潮受五四新文化運動的影響頗多改變，該
學制遂難繼續施行[11]。民國十年（1921）第七屆全國省教育會聯
合會議中，以廣東提案為主，議決改革學制草案。次年，北京教
育部鑒於時勢，乃於九月召開學制會議通過「為校系統改革案」。
十月送濟南第八次全國省教育會聯合會議修正通過[12]。十一月一
日大總統公布「學校系統改革案」[13]，即「壬戌學制」，又稱「新
學制」。

其次，就改革重點言，所指示的改革標準有七：(1)適應社會
進化之需要；(2)發揮平民教育精神；(3)謀個性之發展；(4)注意
國民經濟力；(5)注意生活教育；(6)使教育易於普及；(7)多留各
地方伸縮餘地。而在學制上，採「6-3-3」制，即小學六年，分為

初高二級，初小四年，義務教育。中學校，分初高二級，初級三年，高級三年；但得依設科性質，改採四二制，或二四制。高等教育，一般大學未訂，醫、法兩科至少五年，師範大學四年[14]。

復次，就改革的意義言：

1. 「學校系統改革案」中未列教育宗旨，此與之前歷次作法迴異。可能原因是受到杜威(John Dewey, 1859-1952)「教育無目的說」的影響。
2. 教育改革的動力，是由地方發起，然後再由中央推行。
3. 教育制度留有彈性，年限縮短較易實行。
4. 此一「6-3-3」制架構確定後，一直未有根本的變動，並沿用至今。雖然這之間，國民政府成立，民國十七年（1928）大學院召集全國教育會議，會中修正通過「新學制」，但未公布實施[15]。

三、九年國民教育的推行

民國三十八年（1949）政府遷台後，學制上首次出現重要的變革應推民國五十七年九年國民教育的推行。

首先，就改革的背景言，近代義務教育的實行，要屬「奏定學堂章程」。民國以降，義教的實施，限於初小四年。三十三年「強迫入學條例」規定：六至十二歲強迫入學[16]。三十六年「中華民國憲法」中第一百六十條規定六至十二歲學童一律受「基本教育」六年[17]。而非義務教育或國民教育。

然而民國五十六年（1967）六月二十七日蔣中正總統於總統府國父紀念月會中指示：「我們要繼耕者有其田政策推行成功之

後，加速推行九年義務教育計畫；以我們現階段整個社會經濟發展的成果來解決九年義務教育問題，一定可以樂觀厥成。現在世界各國，民智大啓，我們已不能再滿足於六年義務教育的現狀。……辦好義務教育，亦就可以根本消除惡性補習的痼疾病根。……」[18]由上述指示中可以發現推動的理由有順應世界潮流，解決惡補問題。然此之外，在同年八月行政院公布的「九年國民教育實施綱要」第一項中，尙舉出兩點，即是「提高國民智識水準」及「適應國家建設需要」。不過還有一項政治上的理由，即爲對大陸作宣傳。同年八月九日蔣總統在中國國民黨中央常會中昭示：「九年國民教育的實施，不惟對自由基地乃爲文化復興之具體事證，即對大陸同胞，亦具重大政治號召作用。」[19]因爲在此之前，一九六六年中共大陸正展開了「文化大革命」，政府有意借此舉昭告世人，中共是破壞文化，而我們是復興文化。

其次，就改革的重點言，根據行政院所頒「九年國民教育實施綱要」第一項規定：國民教育年限延長爲九年，自五十七學年度在台灣及金門地區開始實施[20]。惟必須進一步說明的是，原先蔣總統指示的是「義務教育」，但到八月中常會時卻改爲「國民教育」。稍後行政院以降所訂的法規均改稱「國民教育」，這之間的差別是在於前者具強迫性，後者則無。這之中爲什麼會有所轉變，主要是由於財政的改屬。九年國民教育真正變成義務教育，則要等到民國六十八年（1979）總統公布「國民教育法」[21]及七十一年（1982）修正「強迫入學條例」後[22]，才眞正落實。再者，所謂自五十七學年度起實施，意指該年度入國中的新生，而非國小新生。而且延長年限一次就限長三年。這些作法都與國外作法不同。

復次，就改革的意義言，此次延長，具有教育上、政治上、

經濟上的多重動機，其貢獻也可從多方面加以查考。就政治上言，是否出現原先預期的號召大陸同胞不得而知，但是對提升國民的公民素養應有助益；經濟上，則培養出大量較高程度的基層勞動力，爲六○年代以降台灣經濟發展提供了有利條件；教育上，由於中等教育量的擴增，有助於教育機會均等理想的初步落實。然而在質上，卻迭有爭議。不只原先惡補沒有消除，反而變本加厲；國中生程度低落，青少年問題叢生，犯罪率升高……等問題一直未能解決。以致當政府有意將國教延長爲十二年的時候，社會各界的反應竟然不是全體一致的贊成，額首稱慶，而是反對贊成均有之。主要原因就是殷鑑不遠，深恐宿疾未治，新弊又生，如此教育事業將更難發展。

四、行政院教育改革的推動

政府實行九年國教後，毀譽參半，而批評之聲，隨著台灣政治環境的變化而日趨嚴厲。民國七十六年（1987）解除戒嚴，當政治禁忌一一被突破後，教育領域也出現了衝撞體制、挑戰體制的現象，這股力量整體影響的結果，即是政府對教育改革的推動。

首先，就改革的背景言，民國七十九年（1990）森林小學的出現，即對國民教育體制產生挑戰，因爲依法國民教育屬於政府辦理，不允許民間私人興辦。但此一團體藉著參與社會運動而把教育改革吵成全國性議題。民國八十三年（1994）一月，「民間教育改革會議」召開；同年四月十日，「四一○教育改造大遊行」舉行。這些都反映出民間對教育現況的不滿。政府初步的回應是，先於同年六月召開第七次全國教育會議，會中建議仿日本「臨時教育審議委員會」作法，成立「教育改革審議委員會」。行政院

最後順應民情，九月二十一日正式成立「行政院教育改革審議委員會」（以下簡稱「教改會」），由李遠哲先生擔任召集人，積極進行教改方案的研議工作，二年後，民國八十五年（1996）十二月二日提出《行政院教育改革審議委員會教育改革總諮議報告書》[23]。

其次，就改革的重點言，教改會對當前教育問題的診斷結果有八：(1)教育僵化惰性必須袪除；(2)學校教育與社會脫節；(3)終身學習社會尚待建立；(4)教育機會均亟須增進；(5)偏重智育的考試文化仍待更正；(6)課程教材與評量方式亟待改進；(7)多元師資培育體系猶待改進；(8)教育資源運用效率有待提高[24]。而揭示教育現代化的方向有五：人本化、民主化、多元化、科技化及國際化[25]。教育改革的理念有四：(1)教育鬆綁；(2)學習權的保障；(3)父母教育權的維繫；(4)教師專業自主權的維護。而改革的目標有四：(1)達成現代化教育的目標；(2)滿足個人與社會的需求；(3)邁向終身學習的社會；(4)促成教育體系的改造[26]。至於綜合建議有五大項：(1)教育鬆綁：解除對教育的不當管制；(2)發展適性教育：帶好每位學生；(3)打開新的試窗：暢通升學管道；(4)好還要更好：提升教育品質；(5)活到老學到老：建立終身學習社會[27]。而教改方案優先推動項目有八：(1)修訂教育法令與檢討教育行政體制；(2)改革中小學教育；(3)普及幼兒教育與發展身心障礙教育；(4)促進技職教育的多元化與精緻化；(5)改革高等教育；(6)實施多元入學方案；(7)推動民間興學；(8)建立終身學習社會[28]。

復次，就改革的意義而言，此次改革的產生，民間團體的推動扮演重要角色，而且為維持其熱度，主事者亦有意把教育改革當成社會運動及全民運動來做[29]。此外，這是台灣繼政治解嚴後，所謂「教育領域的解嚴」。儘管教改運動發展到目前，各界褒貶

不一、評價互異，但其在喚起民眾注意、支持與參與，及形成重要社會乃至政治議題上，所達成社會運動的效果與影響，卻是不容否認的。

參、討　論

綜觀上述四次教育改革，有些共同點值得提出進一步討論，茲分述如後。

一、抄襲模仿或順應潮流？

上述四次改革，都有引借外國的例子。但這究竟是低層次的抄襲模仿呢？或是高層次地趕上世界趨勢呢？

首先，就「癸卯學制」言，眾所週知是模仿自日本[30]。該次學制的起草，不是憑空構想，而是參考過去所累積許多辦理各級各類學堂的經驗，譯介的西方學制，以及先前頒行的「京師大學堂章程」及「欽定學堂章程」，但實質上仍是以日制為本[31]，學制結構與法令規章都仿自日本。雖然當時日本是亞洲最先西化之國且國力新盛，其制度典章也較完備，但是清廷不細考本身的背景與條件，橫斷式的將鄰國制度，全盤移植到中國，以致空有理想而無法落實。單就學制的修業年限一項觀之，「壬寅學制」起碼需十六年，而「癸卯學制」不縮反增至二十一年[32]，這完全未考慮到政府與個人財力負擔的問題。

其次，就「新學制」言，主要是仿自美國[33]。之所以會造成模仿對象轉移的原因，林本說：「民八以還，啟蒙運動洶湧全國，

民主主義的教育學說，高唱入雲，加以留美學生之促動與杜威、孟祿（P. Monroe）諸氏之來華，於是進一步對於原有學制從模仿美制之動機，欲作徹底之改造。[34]」另姜音閣[35]及鄭登云[36]亦有類似的分析。而周谷平亦指出，改革期間，以杜威實用主義教育理論為代表的美國教育，正風行中國，因此自然對學制改革有影響；另外一些美國教育家來華，特別是孟祿也對學制的形成產生直接或間接的影響。當然這與庚子事變後，中美教育關係較趨密切的大氣候有關。這可反映在留美學生日增、翻譯美國書籍漸多、著名教育家來訪、教育考察團訪美等方面。[37]

雖然說，在改革標準的第一條即主張要「適應社會進化之需要」[38]，換言之，採美制是順應世界潮流。但林本卻批評道新制未考慮國情差別，他說：「美式學制的中心精神，在乎生活教育與生產教育之實施，而當時我國社會缺乏此項職業機會與生產環境，且傳統觀念多方作梗，以致方枘圓鑿，格格不入。」[39]此外，氏亦說：「匆促改制，以致有新學制、新科目、新課程，而無旗鼓相當之新教師、與適宜的新教本，『新瓶裝陳酒』，徒具其變換形式上之花樣而已。」[40]

然而當前人模仿美國「6-3-3 制」時，或許不知其為何要由原先的「8-4 制」，改採「6-3-3 制」，理由之一，竟是美人以為初等教育太長，而法國、日本都已縮短為六年，獨美國維持該制，故欲仿之[41]。改了半天，還是仿日，豈不諷刺。

復次，就延長九年國教言，如前所述，順應世界潮流是原因之一。但是作法卻與他國逐年限長的方式不同，我國是一次延三年。以致校舍、師資、經費、設備等問題層出不窮，日後為彌補此一急就章所付的代價不可謂不大。

最後，就推動教育改革言，雖說進行教育改革是二十世紀末

各國共通的方向，但是往何處走卻未必有一致趨向。在教改會的總報告中所揭示的「人本化、民主化、多元化、科技化、國際化」五個方向，在在反映美國的影子。所以如此，從民間與官方主事者出身背景多具美國背景，就不難理解為何會以美國為師；而且自蘇聯瓦解後，美國是世界上唯一的超強，教育仿美也不足為奇。然而批評者卻擔心這些「美國通」對美式教育只見其長，不知其公立中小學教育之失。冒然引入，問題不少。事實已顯示，批評者所慮非失。例如師資多元化後，供過於求自不待言，但合格標準一降再降，初檢已成虛文，而覆檢亦流為形式。教育鬆綁後，學校內部原有權力關係失衡，校長、教師與家長之間出現緊張、失衡乃至衝突現象。另外，中央權力下放的結果，造成的是地方無力承接大量轉移的工作，因為相應的經費與人事並未伴隨轉移。這種結果是忽略美國政治上長久以來形成的地方自治傳統，扞格難行的問題，可以預期。

　　總之，進行教育改革，順應世界潮流，借鑑他國佳例，是必要作法之一，但是以我國過去的經驗看，「畫虎不成反類犬」，「橘踰淮而為枳」的現象卻是一再出現，豈不值得主事者反省再三。

二、「由上而下」或「由下而上」？

　　就改革的決策程序而言，究竟是「由上而下」，或是「由下而上」？以四次改革言，顯然「癸卯學制的建立」與「九年國民教育的推行」是屬於由上而下的模式。「奏定學堂章程」是由上命張之洞、張百熙及榮慶共同修訂，然後奏陳，再奉上諭頒行天下[42]。而實施九年國教，如前所述，是直接奉國家元首之命，再由教育行政部門全力於一年之內推行。

至於，「壬戌學制的實施」與「教育改革的推動」，則稍有不同。從表面觀之，兩者都屬「由下而上」的模式。「新學制」的形成，是先由全國各省教育會起草不同方案，再經聯合會議多次討論後，送交北洋政府教育部，然後再由教育部主事修訂後頒行。形式上，好像是「由下而上」，由地方而中央，但是最後要落實時，仍然要透過政府力量頒行要求全國遵行。因此歷程的後半段，則又回到由上而下。而不是由各省自行回去試驗，當累積到一定成效後再請中央政府將制度法制化，用法律來保障。至於此次教育改革，原本是由民間發動，然後官方做出回應，成立中央趨部會層級的單位進行審議。形式上，也好像「由下而上」，但是一旦總報告書完成後要落實時，又回到「由上而下」的老路，是要求中央到地方教育行政部門貫徹教改方案。並且深恐教育行政部門束諸高閣，在總報告書中還建議另設「教育改革推動委員會」，以便管制考核[43]。而不是由地方或民間根據教改精神，個別地去繼續推動。

　　因此，總結而言，四次改革的決策歷程，實質上都是屬於「由上而下」的模式。至於成效如何，前三次顯然未見理想，至於第四次還待後續觀察。

三、按圖施工或點滴工程？

　　改革方式究竟是先規擬合一理想藍圖，然後按圖施工呢？或是未先周全規擬，而是逐步修改、點滴工程（piecemeal engineering）？顯而易見的是，四次改革都是屬於前者。前者的好處是有一整體構想與可預見的理想目標，但卻有可能忽略個別現實，如果硬要實施，不是方枘圓鑿，扞格難入；就是削足適履，

扭曲現實；最後不是改革黯然收場，就是一將功成萬骨枯，塑造
出少數「教改英雄」。顯然地，這均非吾人所欲見。

四、理想重塑或權力重組？

教育改革，究竟是不同教育理想的重塑呢？或是教育權力的
重新分配呢？從表面上言四次改革都應屬於前者，然而從實質上
言，則都具有權力鬥爭與重組的性質。茲分述如後。

就「癸卯學制」言，爲何原頒「壬寅學制」不實施要重訂呢？
姜書閣指出：「欽定章程因屬不甚完備，但其內幕，則實由於榮、
張暗鬥，影響及於學制。」[44]另周愚文指出：「朝廷守舊勢力對
新學制已有不滿，當實行後各地所起學潮，管學大臣張百熙又無
法妥善處理，於是朝廷加派蒙古人榮慶爲管學大臣，以箝制張氏。
榮慶不斷擴權，並趁鄂督張之洞入覲之機，奏以張之洞改訂學堂
章程。」[45]由此可知，改革之中夾雜了新舊勢力及滿漢間的衝突
在內。

就「新學制」言，表面上是由仿日制轉仿美制，但是實質上
卻反映出留日派與留美派在教育領域內權力的消長。晚清留學，
最初以留日者多，原因除路近、文同、時短、費省外，封疆大吏
提倡亦是主要原因[46]。至於留美之風大開，則要到光緒三十四年
（1908）美國退還庚款選派學生留美後[47]。

教育領域原本是留日學生的舞台，然而當留美學生返國人數
日多後，則出現競爭者。據調查：一八五四年至一九五三年間，
留美學生中習教育者有九百四十三人，占總數 5%[48]；又一九○
九年至一九二九年清華留美學生中匡教育者占 5.04％。其中知名
的人士有郭秉文、蔣夢麟、胡適、陶行知、陳鶴琴、李建勛、張

伯苓等人[49]。所以「新學制」的實施，不妨從留美派取得教育主導權角度觀之，或可得到另一番新解。而留美派主導我國教育界的現象，迄今仍在。

就「延長國教」言，其權力鬥爭的對象不在台灣島內，而是海峽對岸的中共。由前引蔣總統對國民黨內部的講話可知，其有意借此舉爭奪維護中國文化的正統地位。

最後就教育改革言，表面上民間教改人士一再批評過去政治干預教育，主張教育中立，但是在整個教改過程中在在看出權力鬥爭的現象。茲說明如後。

首先，民間教改人士一再批評過去教育的失誤、保守、淪為政治工具。如朱敬一說：「教育的潰爛確實與外在環境的約制有關，但當外在環境改變，極權體制崩解時，長久潰爛的傷口早已無法自然癒合。……即軍訓教育的遺毒、主義領袖的封建思想、僵化一元的師範分發、教育行政體系的官僚墮落、樣樣都固若金湯，背後都養就了一群死忠的既得利益、負隅頑抗。雖然政治解嚴了七年，教育仍處於宵禁狀態[50]。」在這一段極陳煽動、露骨且帶有革命意味的文字中，充分表露出他們要推翻舊制度，打倒既得利益者的企圖與決心。權力鬥爭的本質，昭然若揭。問題是誰是既得利益者，誰是被革命者呢？顯然是代替國民黨執行教育政策的軍訓教官、教師及教育行政人員。而這些人是如何培育出來的呢，在他們眼中這些人泰半是出自「封閉保守」的師範體系；而師範體系又是指誰？當然首當其衝的就是國立台灣師範大學。所以在民間教改者的意念中有一股強烈的反教育專家、反師範體系的意識形態。這種奪權心態反映在日後教改會教改委員的組成上，在第一次名單中，教育專業人士幾乎完全被排推在外，後來由於反彈聲太大，才不得不增聘教育界代表。至於其他成員中，

表面上理工居多，但再細查，則可見到「科學月刊社」、「澄社」、台大人的影子。而主要的是在一番爭奪後，有些人已進入其先前批評的官僚體系中。

其次，對教改主導權的爭權，除了教育專業與非教育專業之爭外，尚有政治黨派之爭。反對黨也試圖搶奪教育文化的主導權，以塑造建立有利於己方的政治意識形態。黃煌雄即坦言：「隨著戒嚴的解除與動員勘亂時期的終止，台灣問題終於可以從大中國架構中掙脫出來思考，但從近年來台灣民主運動與主權運動的過程顯示，台灣問題無法完全依賴政治主權的召喚，還必須從教育、社會、文化及歷史等多方面著手[51]。」看了這番話後，再去看近年國中《認識台灣》教科書所產生的爭議，這些個別現象事實上都是權力衝突中的一部分而已。

當行政院教改會成立後，它與原有教育部之間的關係也呈現緊張與矛盾。依法言，前者只是諮議機構，不具法律地位，而教育部才是國家合法最高主管教育行政機關，然而因主事者上達天聽的特殊身分，使得互動關係趨於複雜。當時在任的郭部長，雖未言反對，但正當教改會在研議改革方案時，教育部卻史無前例的發表《中華民國教育報告書——邁向二十一世紀的教育遠景》，而在部長序中對於報告出現的原因，則提出近年日本、美國、韓國的教育改革動向，而對於正在如火如荼展開的教改運動卻只輕描淡寫的提到：「尤其期盼去年九月剛成立的行政院教育改革審議委員會的指教[52]。」教育部此舉與教改會唱對戲的立場不言可喻。兩個單位間的距離原本以為新任吳京部長上台後會縮小，怎知留美、非師範、理工出身的新部長完全依自己的想法主張行事，對於出爐的《總諮議報告書》興趣不太大，使教改團體大失所望。這種現象直到原任教改委員也是依報告執策者的林清江繼任部

長，狀況才大幅轉變。

至於學校內部，校長、教師、家長三方權力的失衡現象，前已述及，此不贅。

由上所述可知，教育改革絕非表面充滿理想色彩的工作，而赤裸裸地表現出權力爭奪的本質，特別是最近的一次。

肆、結　語

綜上所述，近百年來的四次重要教育改革，均可說是教育革命，因為它們與中國傳統教育截然不同。「癸卯學制」的出現，象徵與傳統的斷絕，之後的三次，也都未改其方向，朝「西化」、「教育學校化」的方向進行。而且在改革過程中，多所模仿外國，決策過程多採「由上而下」模式，推動時顯露出權力鬥爭的本質。當吾人即將進入二十一世紀之時，本世紀所累積出的教育制度是否應繼續維持，教改方式是否應繼續採用，值得吾人深思。

百年來實施的這套西式三級學校制度，固然可以讓更多學子入學受教，但也讓人們對子女的教育更仰賴學校，結果卻是家庭教育功能的萎縮，而學校教育的功效也未臻理想。因此，未來教育改革的方向，是否必然仍以學校教育為核心，延長受教年限為主流，則有待商權。儘管一九六○、一九七○年代出現的反學校教育（deschooling）運動已遠，但是卻不失為一個思考方向。而美國社會出現「在家教育」（home schooling），雖然人數只占了 2％左右，但也是一種選擇。這些可能性，都提醒吾人在規劃新制度方向時，千萬不要再像本世紀一樣，只知鑽擴張正式學校教育的單一老路，而應多留一些彈性給未來。

註　釋

〔1〕參見徐宗林、周愚文:《教育史》,台北:五南,民86,頁163-6。

〔2〕參見張百熙:〈進呈學堂章程折〉,收於舒新城編:《近代中國教育史資料》
　　（中）,北京:人民教育,1962,頁195-7。

〔3〕同註〔1〕引書,頁 175;另見鄭登云:《中國近代教育史》,上海:華東師
　　大,1994,頁 161。

〔4〕參見長百熙、榮慶、張之洞:〈重訂學堂章程折〉,同註〔2〕引書,頁 196-9。

〔5〕參見《清帝諭立停科學以廣學校折》,同註〔2〕引書,頁 61-5。

〔6〕同註〔1〕引書,頁 177-8。

〔7〕參見璩鑫圭主編:《中國近代教育史資料匯編·學制演變》,上海:上海教
　　育,1991,頁 574-594。

〔8〕參見國史館教育志編纂委員會:《中華民國教育志》（初稿）,台北縣: 國
　　史館,民 79,頁 15。

〔9〕參見朱有瓛編:《中國近代學制史料》第三輯（上）,上海:華東師大,1990,
　　頁 27。

〔10〕同註〔2〕引書。

〔11〕參見姜書閣:《中國近代教育制度》,上海:商務,民 23,頁 125。

〔12〕同註〔11〕引書,頁 125-6。

〔13〕參見多賀秋五郎:《近代中國教育史資料》民國編（中）,台北:文海,
　　民 65,頁 213-4。

〔14〕同前引者。

〔15〕同註〔8〕引書,頁 18。

〔16〕台灣教育發展史料彙編編輯委員會編輯小組:《台灣教育發展史料彙編》
　　（國民教育篇）,台中:台灣省立圖書館,民 73,頁 231。

〔17〕同註〔8〕引書,頁 12。

〔18〕同註〔16〕引書,頁 225,477。

〔19〕參見司琦:《九年國民教育》,台北:台灣商務,民 64,頁 133-134。

〔20〕同註〔16〕引書,頁 483。

〔21〕同前引書,頁 226。

〔22〕同前引書,頁 231。

〔23〕參見行政院教育改革審議委員會:《行政院教育改革審議委員會教育改革

總諮議報告書》，台北：撰者，民 85，李遠哲序。本文取自網路版，網
址是 www.edu.tw/eduinf/change/。

〔24〕同前引書，第一章。

〔25〕同前引書。

〔26〕同前引書，摘要。

〔27〕同前引書，第三章。

〔28〕同前引書，第四章。

〔29〕同註〔23〕引書。

〔30〕參見林本：〈五十年來我國的學制演進〉，收於教育研究委員會主編：《中
國學制改革之研究》，台北：正中，民 73，頁 397；另見註〔1〕引書，頁 178。

〔31〕同註〔1〕引書，頁 175。

〔32〕同前引書，頁 178。

〔33〕同註〔8〕引書，頁 15。

〔34〕同註〔30〕引書，頁 404。

〔35〕同註〔11〕引書。

〔36〕同註〔3〕三引書鄭登云書，頁 259。

〔37〕參見周谷平：《近代西方教育理論在中國的傳播》，廣州：廣東教育，1996，
頁 222-3。

〔38〕同註〔13〕引書。

〔39〕同註〔30〕引書，頁 405。

〔40〕同前引書。

〔41〕參見 Cubberley, E. P., *"Public Education in the United States: A Study and Interpretation of American Educational History."* (Boston 1909 p.457.)

〔42〕同註〔1〕引書，頁 175。

〔43〕同註〔23〕引書，第五章。

〔44〕同註〔11〕引書，頁 106。

〔45〕同註〔1〕引書，頁 175。

〔46〕參見舒新城：《新代中國留學史》，北京：中華書局，1991，頁 46-52。

〔47〕同前引書，頁 72-9。

〔48〕同註〔37〕引書，頁 151。

〔49〕同前引書，頁 152-3。其他非哥大系統，可參見田正平：《留學生與中國
教育近代化》，廣州：廣東教育，1996，頁 364。

〔50〕參見朱敬一序，收於台灣研究基金會編輯部：《台灣的教育改革》，台北：
前衛，1994，頁 8。時朱民任澄社秘書長，負責籌辦民間教改會議。

〔51〕參見黃煌雄總序,同前引書,頁 5,時黃氏任立法委員兼台灣研究基金
會董事長。

〔52〕參見教育部:《中華民國教育報告書——邁向二十一世紀的教育遠景》,
台北:撰者,民84,頁II。

新世紀師資培育之前瞻

楊深坑

壹、前 言

　　美國教育史家 J. Herbst（1989: xi）在描述美國過去一百五十餘年來的師資培育發展時，稱此時期的教師「教得相當悲哀」（*And Sadly Teach* 係書名），癥結在於教師專業地位低落，不能自主地以明確的專業知識，來獲取高度酬償的職位。Herbst（ibid.: 4）稱許普魯士（Prussia）的師資培育理念與制度，認爲是美、法兩國後來師法之典範。

　　事實上，普魯士早在十九世紀已漸形成師資培育專業理念與制度。一九〇〇年德國著名教育學報 *Die Deutsche Schule* 的主編 Robert Rissmann 曾詢問教育學者及學校工作人員，請其對過去一個世紀的教育與教育學發展作一個整體性的歷史回顧與前瞻。徵詢的結果，雖對科學教育學甚少觸及，但詳加分析對教師待遇及教師所受教育之不合宜提出檢討。其中以 J. Fr. Herbart 再傳弟子 Wilhelm Rein 之見解尤爲精審，他認爲無知與膚淺才會誤以爲教育學只是技術，而非科學。教育學已經具備明確的知識，可以轉

化爲活生生的能力（lebendiges Können），而使教師的教學獲得動力（J. Oelkers, 1989: 1）。隨著科學教育學研究之發展，以及國民學校教師提升教師專業地位之努力，一九○四年德國教師聯合會（Deutscher Lehrerverein）在寇尼斯堡舉行大會即提出要求：「大學才是師資培育最合適的機構」（楊深坑，民 88：195）。至於中學教師培育也受到 Herbart 思想影響，開啓了職前教育和預備服務期（實習教育）兩個階段的師資培育。

前述師資培育之科學化與專業化實孕育自十八世紀啓蒙運動之理性凝練之基本精神與十九世紀科學發展之結果。隨著十九世紀美、法等國赴德教育考察報告之流佈，以及比較教育科學之發展，赫爾巴特的教育理念及其影響下的師資培育也廣泛的影響英美各國，成爲歐、美各國現代化運動的一環。本世紀六○年代以降，現代化達於極點，卻也遭致後現代主義者的批判，批判啓蒙以來理性之偏估發展，揭櫫反理性中心、反言語中心、反對理論的宰制、強調殊異以及對「他者」的尊重。在現代化與後現代思潮的激盪下，也陷入了專業化與反專業化之進退維谷的窘境（Shen-Keng Yang, 1998: 207）。突破困境、開展新局是爲當前面向新世紀師資培育之嚴肅課題。

一八九四年在丹麥哥本哈根曾召開第一次國際師資培育會議，以爲其後一個世紀的師資培育籌謀。在開幕演說中指出，過去的社會變遷非常迅速，未來一個世紀變遷將如過去一個世紀一樣快速。如果可以得知未來的變遷，將可以爲未來世代預爲規劃（參閱 P. Dalin & V. D. Rust, 1996: 1）。一九九四年過去了，一個世紀的變遷並未如一八九四年的預測。P. Dalin 和 V. D. Rust（ibid.: 2-3）比較了一八九四年和當前對未來態度之不同。一八九四年對未來不斷進步充滿了理性的樂觀，當前則對未來充滿了不確定

感。未來雖未必如預期發生，但教育工作者仍不能被動回應，須作積極抉擇，而任何一種抉擇都會決定未來的生活方式與品質。師資培育工作者的抉擇對未來人的品質及整體社會生活素質影響尤深，更宜審慎。抉擇須對過去之歷史條件及當前事實有清楚的認識，才能作出睿智的判斷。本文因而先分析師資培育專業化之歷史過程及當前科學、技術與社會情境對師資培育之衝擊，據以為二十一世紀的師資預作前瞻性的規劃。

貳、師資培育從專業化到反專業化

師資培育之邁向專業化，正如前述，孕育自啟蒙運動的基本精神。啟蒙所指的不只是一種勇敢運用理性，以突破傳統與宗教權威的一種思想態度，也是歐西十七、八世紀的思想解放與社會改革運動。就為一種思想與社會改革運動而言，正如 R. Hollinger（1994: 2-4）所云，啟蒙開啟了一種運用知識、理性和科學來破解人類迷信與無知之厄，而促使人類無限的進步與幸福，質言之，透過理性與科學促進人類社會的現代化。社會科學的發展即起於對現代化加以瞭解的需求，市場資本主義的興起，現代國家的建立以及自然科學、特別是物理科學對於人類生活各層面的影響與日俱增，更使得瞭解、預測與控制人類社會發展之需要益形孔殷。社會科學就在這種現代化的脈絡下興起（cf. Charles Frankel, 1958: 266）。

教育學的科學化與師資培育的專業化就在這種啟蒙運動的背景下開展。啟蒙運動的教育，根據 H. Blankertz（1982: 28-30）的分析，具有六項特色：

1.教育操諸人類之手，可作科學探究。

2.教育應可找到形諸語言文字之教學方法。

3.教育須導向實際生活，實際生活也要求教育。

4.教育須視兒童為兒童，而非具體而微的小成人。

5.教育的需求促進普遍義務教育制度之建立。

6.學校教育脫離教會控制。

Imm. Kant（1924-1804）和 E. Chr. Trapp（1745-1818）理性教育科學之構想，即反映了前述啟蒙教育的第一項特色，認為教育研究可以像自然研究一樣嚴格確實成立法則，而對教育過程進行完全的瞭解與控制（楊深坑，民 88：253）。對教育過程的瞭解與控制是師資培育專業化的先決條件。就教學方法而言，W. Ratke（1571-1635）和 J. A. Comenius（1592-1630）對於方法之探究，強調依循自然次序之教學，實即為啟蒙運動以兒童作出發，重視此世經驗之反響。

教育既可作科學的探究，以尋繹人性發展與變化法則，教學即須符應此等法則。為使人性發展法則落實於教學實際，以開展人性，達致此世幸福，須有嫻熟教育科學及教學原理之專業教師。這個需求也促進了師資培育專業化的發展。Jean de Baptiste de La Salle（1651-1719）在 Reims 和 Paris 設教師研習班（Johannes von den Driesch & Josef Esterhues, 1954: 71），德國 A. H. Francke（1663-1727）在 Halle 所設教師研習班，雖仍富宗教色彩，但已向專業化邁進了一大步（J. Guthmann, 1964）。

正如 Thomas S. Popkewitz(1994: 3)的分析，專業(profession)這個詞不僅表示了某一種職業組群，受過高度的專業，特殊能力的訓練，可以有效的服務於公眾，而取得公眾的信賴。專業更是

一種社會範疇，賦予此受過高度專業訓練者特殊的地位與權利。前述啓蒙運動以來，理性教育科學的興起以及制度化師資培育機構的萌芽，正是師資培育專業化的重要環節。在這種啓蒙精神的孕育下，J. Fr. Herbart 首度主張透過嚴格的理性科學來培育具有專業素養的教師。Herbart 強調教育科學與教育藝術或技術不能混為一談。教育技術是為達成某種特定目的之一組特殊技巧，教育科學則不然，不是局限於教學，而是建基於實踐哲學和心理學的一組理論，成為師資培育不可或缺的部分，因其提供未來師資培養對教育實際作睿智判斷之理論基礎（Shen-Keng Yang, 1998: 200-201）。質言之，理性教育科學之建立，構成了 J. Habermas（1985）所謂的「啓蒙計畫」（Projekt Awfklärung）的一部分，是使師資培育邁向現代化和專業化最具關鍵性的一大步。

  Herbart 教育科學及師資培育理念影響所及不僅在於師資培育理念層次，也在制度層面有極深遠的影響。B. Chr. L. Natorp（1774-1846）在一八一二年向普魯士內政部文化與公共教育司（Sektion des Kultus und öffentlichen Unterrichts）所提出的「Kurmark 區學校教師研習班計畫」（Grundriβ eines Schullehren-Seminariums für Kurmark），就特別強調理性的對教育方法進行省察。W. Harnisch（1787-1864）更提出了學校教師的科學（Schuhmeisterwissenschaft）的理念，以為培育專業師資之基礎。著名師資培育專家 Friedrich Adolph Diesterweg（1790-1866）在一八二七年更分析了他那時代教師研習班的兩種主要趨勢：其一為未來教師所學只要能應用於將來所從事之工作即可；其二為強調教師獨立自主的判斷，亦即理論與實踐宜統整，而使教師在實際工作中能有明確睿智的判斷（H. - K. Beckmann, 1968: 39-43）。這種說法事實上也是教師專業化的條件之一。

就制度層面而言，一八二六年六月一日普魯士教育部長 Von Altenstein 公布的「皇家通諭」（Cirkular-Reskript）是為第一部強調理論與實踐密切結合的師資培育法令（H. - K. Beckmann, op. cit.：48）法令除規定教師研習班須與學區學校密切合作外，也規定擬成為合格教師者須經兩次國家考試，第一次重在對未來教師理論知識之考核，及格後經三年實習，再考第二試，重在其專業態度、獨立判斷和實踐能力之評估（楊深坑，民 88：254）。質言之，進入教師專業社群須經嚴格的教育及考試，這也是當前專業的特色之一。

Herbart 的教育學理念與普魯士的師資培育制度影響擴及於歐美各國。E. V. Johnningmeier 和 H. C. Johnson, Jr.（1975: 3）就指出，美國本世紀初實驗學校的規劃及教育實習的督導所面對其實就是 Herbart 所提出來之基本課題。英國 Sir John Adams 教授就職演說特別強調師資培育應從理論與實踐密切結合，顯係受 Herbart 的影響。

隨著 Herbart 思想之傳佈與科技快速發展，本世紀師資培育更趨專業化。蘇格蘭 Edinburgh 和 St. Andrews 大學從一八七六年起開始設置「教育理論、歷史和藝術講座」。美國一八七九年 W. H. Payne 首度被任命為密西根（Michigan）大學「教學科學與藝術講座教授」，這個講座設置之旨在於使學生預備能夠在公立學校的服務中獲取較高的地位、促進教育科學研究、使中等學校大學有更密切的關係而促進教育制度益趨完美（Shen-Keng Yang, 1998: 183）。換言之，提升教育研究的科學層次，促進師資培育的專業化。

就制度層面而言，專業化的師資培育機構也在本世紀中葉以降提升到大學水準。英國在一九〇八年「教育董事會（教育部前

身）規程」（Board of Education Regulations）公布以後，師資培育學程與師範學院（Day Training College）之間的衝突與日俱增。解決辦法之一是將師範學院重組爲大學教育研究所（University Institute）。一九三二年倫敦大學教育研究所（London Institute of Education）之設立，即由原 London Day Training College 改制而成，不僅成爲師資培育中心，也成爲教育研究重鎮。一九四四年 McNair Report 公布，建議成立區域師資訓練組織（Area Training Organisations）以統合大學、師範學院及地方教育當局（Local Educational Authorities）的師資培育工作，報告書更建議師資培育應將人格教育與專業預備緊密結合。美國也在十九世紀末，頗多師範學校（normal schools）改制爲州立師範學院（State Teacher Colleges）。頗多著名大學，如 Harvard, Columbia, Chicago, Stanford, Michigan 也開始設教育學教授與教育學院，來提升教育研究與師資培育專業水準（Shen-Keng Yang, 1998: 187）。德國也在國民學校提升專業水準的要求下，於一九二六年設立教育學院（Pädagogische Akademie），戰後教育學院提升爲大學水準之 Pädagogische Hochschule，一九六三年開始設置和普通大學一樣獨立的教學與研究單位 Seminar，一九七〇年和獨立大學一樣享有大學自治權，並有授予「教授資格」（Habilitation）之權力。一九七〇年代以降，在「教育學實在論轉捩」（W. Roth 之主張）的訴求下，獨立設置之 Pädagogische Hochschule 整合進附近的大學。

一九六〇年代以降，現代化運動席捲全球，社會科學中的實徵主義也成爲主宰教育研究的各領域，成爲教育研究的主流。科層體制、技術控制、效率管理滲透進社會生活各領域。師資培育的專業化亦因而轉向技術化。行爲目標、能力本位、系統管理的課程設計與評估、教學技術的訓練成爲師資培育的核心焦點。技

術控制理性（technocratic rationality）主導了美、英、德、法各國師資培育之改革（Shen-Keng Yang, 1998: 209）。美國一九八六年卡納基報告書《一個準備就緒的國家：二十一世紀的教師》（*A Nation Prepared: Teachers for the 21ˢᵗ Century*），英國一九八三年《教學素質》白皮書（*Teaching Quality*）等都是典型的技術主義、經濟掛帥、效率為先的師資培育改革報告書。

一九七○年代後現代主義思潮興起，一九九○年蔓延至生活各領域。過去現代化理性主義的科層體制管理，轉而為「小而巧」的後福特主義（post-fordism）之管理模式。知識論上的普遍主義徹底瓦解，過去專業主義所賴以發展的基礎主義（fundamentalism）面臨挑戰。其在師資培育上反映出來的是教育基礎科目沒落，學校實地經驗的重視以及大學教育學教授在師資培育學程規劃與實際師資培育過程地位一落千丈（Shen-Keng Yang, 1998: 211-214），師資培育也因而由技術化邁向徹底的反專業化。

正如 Christopher Day（1997: 44）的評析，過去二十年來的教師是在夾縫中求生存（survival）而非求發展（development）。各種教育改革方案幾乎無年無之，所謂提升水準、家長參與、基本能力的訂定等各種改革訴求，均對教師造成極大的壓力。另一方面，師資培育又面臨反專業化的挑戰，使得未來教師難以勝任新時代的新需求。面對新時代的新挑戰，Milbrey W. McLaughlin（1997: 76）認為美國需要重建教師的專業理念與制度。事實上，不僅美國，舉世皆然，面對新世紀的來臨，師資培育專業化要求必須重新檢討，才能因應二十一世紀的新需求。為了重建師資培育的專業理念與制度，須先瞭解未來的新挑戰。

參、師資培育的新挑戰

　　前節的分析說明了師資培育在此世紀之交有流於反專業化的危險。近年來各國教育改革的經驗顯示，改革的措施所要求於教師者多，而讓教師參與改革的機會、讓教師發出自己聲音的機會甚少。Christopher Day（1997: 45）預測，面向二十一世紀教師對於國家經濟社會發展的價值與重要性與日俱增。為完成教師在新世紀的新使命，須先拓展教師的新視野。新視野之拓展與培育，正如 Christopher Day（1997: 45）所言，須先瞭解吾人未來生活世界所面臨的挑戰。以下先說明面二十一世紀師資培育所面臨的挑戰。

一、後現代主義之挑戰

　　前節分析說明了師資培育邁向專業化基本上是啟蒙運動以來現代化運動之一環。現代化講求的是對理性的絕對信賴，主體理性的建構成為教師重要的任務。知識也因科學理性的宏揚而不斷進步，教師成為引導進步的動因，也成為正統理性知識、主流文化的代表者，以一種權威的姿態走進教室「傳道、授業、解惑」。隨著後現代主義的盛行，理性已不足以信賴，感覺經驗是唯一的真實，知識的永恆結構面臨瓦解，沒有所謂的永恆不變的知識效準，沒有所謂的知識權威。知識權威就後現代主義者而言是一種權力的宰制必須加以解構。後現代的師資培育，正如 Stuart Parker（1997: 147）所云，必須使學生能夠有更多的機會參與解構，解

構各種教育理論、教學理論、政治論說、宗教教條、政府政策報告、學校與教育當局的政策宣示、各種研究報告。質言之，後現代教師已非權威的代表，更是一個解構者，在解構的過程中，與學生共同參與知識文化的再建構。在此情形下，過去師資培育學程建構所植基的教育理論、教學理論、學生發展理論、學校制度理論、學校與社會關係理論等勢須重新檢討，以符應新時代師資培育之需求。

二、後福特主義管理模式的衝擊

後福特主義者認為一九六〇年代末期到一九七〇年代是進步工業社會之分水嶺，第二次世界大戰後以福特汽車公司的生產方式和泰勒科學管理法則為基準的企業模式，到了一九六〇年代末期已經到了必須改弦更張的地步。福特汽車公司在戰後，運用廉價勞工與能源，透過規格化的科學管理，大規模生產廉價商品，以符應大眾消費的需求。

一九六〇年代末葉，福特主義開始走向沒落。一九七三年石油危機更使廉價能源時代已經消逝，而社會消費形態的改變也使得規格化商品無法滿足社會需求，代之而起的是多樣化、個性化的高品質商品與服務漸為人所需。福特主義的生產方式，漸為後福特主義取代，泰勒管理模式便不適用。微型技術（micro-technology）和電腦輔助設計，漸漸取代大規模生產的工廠，以設計個性化的商品。過去科層體制的管理模式漸為平面階層（flat hierachies）所取代，中級管理人才變得不重要，多元技能人才之需求益形孔殷，人才之晉用必須考慮可以在設計、生產、品管等各部門很快的彈性轉換。

後福特主義意識形態與生產管理方式影響所及，使得課程設計、學校與教室的經營必須重新檢討。「小而巧」、「小而美」成為新的教育口號，小班小校、迷你課程設計等勢必衝擊未來師資培育。校長、主任、教師職務之互轉，多少顯示後福特主義的色彩，未來教師勢須兼具教學、輔導、課程設計、教室與學校經營管理等多元知能，未來師資培育更宜妥為因應。

三、新多元主義的激盪

在師資培育邁向專業化的歷史進程中，雖然也考慮不同知識形式在學程規劃的不同作法，也重視學生多元化的興趣。然基本上仍採張橫梁渠所謂的「理一而分殊」，所謂的「普同的人性分殊的文化」之作法。隨著新世紀的來臨，西方理性中心的人性觀面臨挑戰。各種各類的認知方式均有其自為完足的有效性，知識的效準以 Lyotard 的觀點言，取決於其是否能夠實際的實行（performativity）。既然沒有知識論上的共同穩固基礎，文化上也因而沒有主流與非主流之分，各種族群的聲音均有其合法化的地位。質言之，面向二十一世紀的多元主義，不僅是異見的（heterodoxous），更是「異質的」多元主義（heterogenous pluralism）。在這種眾聲喧嘩、百花齊放的新時代裡，師資培育如何融匯眾流，開展新局，更是未來嚴肅之考驗。

四、新科技的影響

現代科技發展的特色，根據 N. Postman（1993: 22 & 40-55）的分析，已經從「工具使用」（tool using）的文化，過渡到「技

術控制」（technocracies）文化，現在已經到了全球連結成一體的「科技城」（technopoly）文化。在這個全球化的「科技城」中，所有文化形式均臣服於技術科技。這種全球連結成一體的科技社會發展，H. Albrecht（1993: 449-474）稱之爲資訊時代（informationszeitalter），其特徵在於資訊技術的重要性凌駕傳統的材料與能源技術，電腦取代手工與機器的工作；電腦也控制、規劃並補充傳統的動力機器（"Kraf"-Mschinen）；電腦把傳統的機器與技術媒介整合而爲一個新的、彈性而複雜的單位。透過網際網路連線，世界連結成一個無遠弗屆的網路系統。

資訊科技的發展，使得遠距會議、虛擬實境等逐漸運用進教育過程，也使得人類的認知過程與知識形式產生革命性的變化。知識必須數量化處理，否則即被淘汰。知識的生產也在於能夠銷售或消費，才能再進一步的刺激生產。正如 J. F. Lyotard（1979）所云，「知識的目標在於交換」，知識也就沒有普效性原則可言。「效用邏輯」（logic of performativity）和「商品邏輯」（logic of mechantile）主導知識與社會文化的發展。

隨著資訊科技的發展，效用邏輯和商品邏輯的宰制，也逐漸發展出網路空間文化，Douglas Rushkoff（1995）稱之爲 Cyberia。Cyberia 到來的時刻，正如 Rushkoff（1995: xi）所述，是人類最近歷史最特殊的時刻，所有事情似乎變得可能，整個次級文化就像追求流行時髦的小孩，嘗試各種虛擬的可能性。也因此顛覆了傳統習俗價值，將網路科技、熱切以求之夢想以及傳統真理結合，而開展各種可能。Cyberia 即是一種新的疆界，充滿無限可能的信息與文化和價值的認同。David Piper（1997: 77）即舉述網路龐克（cyberpunk）的邊緣遊戲（edge game）爲例說明網路文化的顛覆性。網路龐克所玩的遊戲虛虛實實，透過網際網路從事違反既

定社會規範的網路駭客（cyberhacker）遊戲，或 Piper 所謂的新形式的文化冒險，使得既定的文化價值面臨崩解。

新科技的發展固然使得教學獲得有利的輔助工具，但其所滋生的認知過程的改變、知識性質的逆轉、虛擬的認同以及價值規範的顛覆也是未來師資培育所應面對的嚴肅課題。

五、政治與經濟新形勢矛盾之回應

面向二十一世紀全球政治經濟開展了既合作又競爭的緊張矛盾關係。一九八○年代以降，隨著冷戰時代之結束，世界性的政治結構產生急遽的變化。一九八九年柏林圍牆倒塌，兩德統一。隨之而來的是東歐各國的自由化與前蘇聯的解體。這些變遷卻使東歐陷入了種族與宗教衝突，過去民族國家（nationstate）的理論與實際面臨前所未有的挑戰。再者，歐洲共同體合作越來越密切，一九九三年單一市場成立，過去的民族國家，漸為超越國家之上的經濟合作體所取代，民族與國家認同也成為未來師資培育之嚴肅課題。最後由於冷戰結束，各國之間互相移民變得容易，尤以東歐、南歐移入中歐為最，也因而產生了移民文化和既有的當地文化之間的衝突與統合問題。這些問題不僅見諸歐洲，事實上，台灣、美、加、澳洲、紐西蘭各國也都有統一與紛歧，主流文化和各族群或移民者文化之間的衝突與統合問題有待解決。

政治對抗已緩和，代之而起的卻是嚴酷的經貿競爭。歐洲共同體已經宣佈一九九三年成立單一市場，一九九八年歐元已經發行，使得歐洲共同體經貿合作更為密切。美洲區域也不甘示弱，宣佈於公元二○○五年以前成立美洲自由貿易區（Free Trades Area of Americas）。亞洲區域早已有「亞太經濟合作會議」（Asian Pacific

Economic Cooperation），最近更有倡導亞元之議。區域之間的經貿競爭越演越烈。即使是同區域各國之間表面是合作的關係，其實內在也存在相互競爭的緊張態勢。由各國的教育改革無不強調未來一個世紀在國際的經濟競爭力，可見一斑。競爭又合作的緊張關係也是二十一世紀師資培育所宜面對的課題。

六、地球村理念之衝擊

隨著政、經情勢的轉變，資訊技術的發展，一種「地球村」（global village）的理念已經逐漸形成。政治、經濟、文化與教育上都慢慢消除國家與區域的界線，任何教育措施也應從全球性觀點來考量。聯合國教科文組織（UNESCO, 1996: 51）在其《學習：內在的財富》報告書中即指出，世界性的相互倚賴和全球化是當代生活的主要動力，這種動力已經產生作用，且將為二十一世紀留下深刻的印痕。教育在提供所有人民得以獲得知識的機會，更應承擔幫助人民瞭解世界與他人的普遍任務。面對全球化的這種任務，師資培育也宜妥為因應，以開展新局。

肆、新專業主義之重建

面對前述挑戰，師資培育卻有本文第二節所述的反專業化的趨勢，無法培育足以承擔主導二十一世紀社會變遷的教師。正如聯合國教科文組織（UNESCO, 1996: 141-142）在《學習：內在的財富》報告書所述的，教師作為促進社會變遷，促進瞭解與容忍的角色在二十一世紀變得更具關鍵性的重要。未來政、經、文化、

科技、價值觀、心理態度等全球性變遷使得教師在型塑二十一世紀心靈與性格的角色越來越重。也因而必須重建師資培育的新專業主義才能培育迎接新任務的二十一世紀的新教師。以下分從目的、學程規劃、制度設計、方法運用及進修體制等論述新專業主義重建之道。

一、目的——培育務實而具高遠識見的專業工作者

隨著新時代的來臨，教師已經不再是社會文化的代表者，學生的學習管道亦非僅止於學校中的正式教育。後現代思潮的激盪、網路視訊的氾濫，更使得師與生面臨主體性失落的危機。因此，二十一世紀師資培育所謂的「經師」與「人師」的培育勢須重新檢討。未來教師不僅是知識與技能傳授者、人格陶冶者而已，而更是與學生共同參與獨立自主人格的培養與全人類福祉的設計。因此對當前全球性政經社會文化及學校與學生特質，教師應有睿智的判斷，對人類二十一世紀的遠景宜有高瞻遠矚的洞見。質言之，未來教師應培養成爲務實而具遠見的專業工作者。

二、學程規劃——學習型組織的學程規劃

本文第二節的分析已經說明了師資培育在專業化的歷史進程中，教育學的科學化與專精化係師資培育專業化之先決條件。教育哲學、教育心理學、教育社會學、教育史等理論科目成爲師資培育的主要科目，以理論來指導實踐，並由實踐經驗中琢磨圓熟的教育智慧。隨著後現代思潮的興起，理論知識的合法性遭到強烈的質疑，知識的有效性在於實際的實行，專家地位一落千丈，

教育理論科目也在師資培育學程中備受輕視。在一個資訊氾濫、文化多元的二十一世紀，教育理論應作適當的解構，配合社會發展需求、學生特質重新調整，進行整合性的學程規劃。在課程規劃上，尤應將全球性的政經文化變遷、新科技之發展及其對人類生活——特別是教育過程的影響、心理態度與價值觀念的調整——列入考慮，規劃重點學程，以培育務實而又具高遠識見的教師。

三、制度層面——建立師資培育機構、學校、社區密切合作的制度

未來教師既非知識權威代表，大學知識的創發功能及其所代表的知識合法性也遭懷疑，知識的合法性在於其能否實行。因此將來所謂的知識本位、能力本位、學校本位的師資培育勢須徹底檢討，大學及中小學在師資培育中的功能與角色應重新定位，社區組織及其所代表的認知心理習性、意識形態等在師資培育過程中應妥適列入考慮。從制度層面來看，未來大學、中小學及社區應建立更密切的合作關係，才能培育一個能夠應付未來多元化學習社區的教師。

四、方法層面——善用新科技改善教學避免其缺失

二十一世紀資訊科技將較現在蓬勃發展，遠傳視訊、遠距會議、多媒體虛擬實境、網際網路等新技術將更推陳出新，師資培育宜妥加利用，以改善教學方法。事實上，美、英、澳洲各國等也都實驗新科技以改善師資培育之教學，成果可觀（R. Covency, 1997; C. White, 1999; J. D. Wilson, 1996; J. Sachs, 1999）。惟新科技

所導致的認知過程與態度之徹底改變、價值觀念的混淆等，師資培育工作者亦宜妥爲因應。

五、新教師之晉用——多元而彈性之知能與態度

未來新教師之晉用單就其已具備之專業知能仍舊不足，宜考慮其對未來多元化社會之應變能力。再者，未來教室與學校營運與管理方式將突破以往理性化科層體制，教師與行政主管之間流動之彈性增大，教師之晉用，不僅應考量其教學能力而已，更應衡鑑其領導能力。面對多元文化的訴求與地球村理念的衝擊，新教師的任用更應具多元文化之涵養與器識恢宏之世界觀。

六、進修體制——教師應是終身學習者

面對未來快速的政治、經濟、文化、科技變遷，教師職前教育所培育的知能將難以應付。未來師資培育應建立教師不斷進修的體制，使進修不僅成爲權利，也成爲義務。教師才能不斷汲取新知，更新價值觀與態度，與學生、學校、社區永恆不斷努力，共建未來高品質之生活世界。

伍、結　語

世局如棋，世事難料，未來社會將何去何從，甚難準確預測。可以確定的是值此世紀之交，受到後現代主義摧毀理性，講求即刻效益之商品邏輯以及政、經、科技快速變遷的影響，師資培育

有流於反專業之危險。師資培育亟宜面對當前社會、文化變遷，妥為因應，從目的、學程、制度、方法、晉用與進修各層面重建新的專業主義，才能培育務實而又高瞻遠矚的教育工作者，積極透過教育活動影響社會文化變遷，以創造一個繁榮、容忍、和平、休戚與共的理想新世界。

参考資料

一、中文部分

楊深坑（民 88），《知識形式與比較教育》，台北：揚智。

楊深坑（民 83），〈從比較教育觀點論我國實習教師制度之規劃〉，載於楊深坑、歐用生、王秋絨、湯維玲等著，《各國實習教師制度比較》，台北：師大書苑。

楊深坑（民 83），〈德國的實習教師制度〉，載於楊深坑、歐用生、王秋絨、湯維玲等著，《各國實習教師制度比較》，台北：師大書苑。

蔡清華（民 82），〈美國一九八〇年代以來師範教育改革之研究——兼論其對台灣地區師範教育改革之啟示〉，國立政治大學教育研究所博士論文，未出版。

二、外文部分

Abbott, Andrew (1988). *The System of Professions: An Essay on the Division of Expert Labor*. Chicago: University of Chicago.

Alexander, Robin J., Craft, Maurice & Lynch James (1984). *Change in Teacher Education: Context and Provision Since Robbins*. London: Holt, Rinehart and Winston Ltd.

Altbach, Philip G. (1998). Forum: Comparative Perspectives on Higher Education for the Twenty-first Century. *Higher Education Policy*, 11, 347-356.

Amade-Escot, Chantal (1997). Observation des Situations Didactiques et Pratique réflexive en Formation Initiale. *Recherche Formation*,

25, 47-56.

Beattie, Nicholas (1998). Movements or Institutions? The French Mouvements Pédagogiques. *Comparative Education*, 34(3), 299-312.

Beckmann, Von Hans-Karl (1968). *Lehrerseminar Akademie Hochschule*. Weinheim: Julius Beltz.

Bers, Marina Umaschi & Bergman, Sergio Rabbi (1998). *A Constructionist Perspective on Values: A Response to Postmodern Fragmented Identity*.
http://lcs.www.media.mit.edu/~marinau/BB-values.html.

Béygyn, Francis (1997). La Formation Continue des Enseignants entre Discipline et Établissenment. *Recherche Formation*, 25, 56-67.

Clemson, David (1996)."Initial Teacher Education Policy and Cultural Transmission". In Rob McBride (Ed.) *Teacher Education Policy*. London: Falmer Press.

Clerc, Françoise (1996). Profeswion et Formation Professionnelle Peprésenations des Professeurs-Stagiaires en Formation à L'IUFM de Lorraine. *Recherche Formation*, 23, 87-104.

Collier, Sunya T. (1999). Characteristics of Reflective Thought During the Student Teaching Experience. *Journal of Teacher Education*, 50(3), 173-141.

Collis, Betty (1998). *A Reflection on the Relationship between Technology and Teacher Education: synergy or separate entities*?
http://rice.edn.deakin.edu.au/archives/jitte/j312.htm.

Cornu, Bernark & Marzin, Patricia (1999). *Virtuality in Teacher Education; Theory, Practice, Didactics*.

http://www.elsevier.n1/homepage/sag/ca199/output/abs12.htm.

Dalin, Per & Rust, Val D. (1996). *Towards Schooling for the Twenty-First Century*. London: Cassell.

Davies, John (1999). Postmodernism and the Sociological Study of the University. *The Review of Higher Education*, 22(3), 315-330.

Day, Christopher (1997). "Teachers in the Twenty-First Century: Time to Renew the Vision". In Andy Hargreaves & Roy Evans (Eds.) *Beyond Educaiton Reform: Bringing Teachers Back*. Buckingham: Open University Press.

De Almeida Nogueira, Sonia Martins (1998). *Reflections on the Subject of Teacher Education: An Attempt to Outline Paths of Investigation*.

http://www.uct.ac.za/education/wcces/papers/dealmei.htm.

De Vreede, Erik (1999). *What are we talking about? Plural Education and Teacher Education*.

http://www.oprit.rug.nl/devreede/framewor.htm.

Deane, Michéle & Harris, Alma (1996). Conceptions du Rôle de Conseiller Pédagogique Dans la Formation à Distance des Enseignants. *Recherche Formation*, 23, 55-71.

Dottin, Erskine S. (1994). *Help Wanted: Philosophers of Education for National Accreditation*. Paper presented at the Annual Meeting of the Southeast Philosophy of Education Society, Gainesville, FL, February 11-12.

D'Souza Mario O. (1992). Philosophy, Philosophy of Education, and the Education of Teachers. *Interchange*, 23/3, 255-264.

Education Management Information System Centre (1998). *Education*

Reform at the Ministry of Education (1996-2007).

http://www.moe.go.th/nu/reform.htm.

Gardner, Philip & Cunningham, Peter (1998). Teacher Trainers and Educational Change in Britain, 1876-1996; 'a flawed and deficient history'?. *Journal of Education for Teaching*, 24(3), 231-255.

Hansen, Ronald E. (1995). Teacher Socialization in Technological Education. *Journal of Technology Education*, 6(2).

http://borg.lib.vt.edu/ejournals/JTE/jte-v6n2/rhansen.jte-v6n2.html.

Hatch, J. Amos (1999). What Preservice Teachers Can Learn from Studies of Teachers' Work. *Teaching and Teacher Education*, 15, 229-242.

Hayes, Denis (1999). Opportunities and Obstacles in the competency-Based Training and Assessment of Primary Teachers in England. *Harvard Educational Review*, 69(1), 1-28.

Herbst, Jurgen (1989). *And Sadly Teach: Teacher Education and Professionalization in American Culture*. Madison, Wisconsin: Wisconsin University Press.

Hinnant, Eddie & Oliva, Linda (1998). *Strategies for the Integration of Technology into Teacher Education Programs*.

http://www.horizon.unc.edu/projects/monograph/CD/Professiona l_Schools/Hinnant.asp.

Hollinger, Robert (1994). *Postmodernism and the Social Sciences: A Thematic Approach*. Thousand Oaks, London: Sage.

Husén, Torsten (1983). The International Context of Educational Research. *Oxford Review of Education*, 9(1), 21-29.

Ilon, Lynn (1994). Structural Adjustment and Education: Adapting to a Growing Global Market. *International Journal of Educational Development*, 14(2), 95-108.

Judge, Harry (1990). "The Reform of Teacher Education". In Peter Benton (Ed.) *The Oxford Internship Schem: Integration + Partnership in Initial Teacher Education*. London: Calouste Gulbenkian Foundation.

Judge, Harry (1992). "Schools of Education and Teacher Education". In David Phillips (Ed.) *Oxford Studies in Comparative Education V1 -- Lessons of Cross-National Comparison in Education*. U. K. : Cambridge University Press.

Kajs, Lawrence T., Willman, Edward & Alaniz, Ramon (1998). *Technology Education in a Teacher-Mentor Professional Program: A Case Study.*
http://www.coe.uh.edu/insite/elec_pub/HTML1998/gi_kajs.htm.

Lang, Vincent (1996). Professionnalisation des Enseignants, Conceptions du Métier, Modéles de Formation. *Recherche Formation*, 23, 9-27.

Levine-Rasky, Cynthia (1998). Preservice Teacher Education and the Negotiation of Social Difference. *British Journal of Sociology of Education*, 19(1), 89-112.

Logan, Lloyd & Sachs, Judyth (1992). *Changing Teacher Education through Technology: A Study of the Romote Area Teacher Education Project*. Paper presented at the VIIIth World Congress of comparative Education, Prague, Czechoslovakia, July 8-16th, 1992.

http://rice.edn.deakin.edu.au/archives/jitte/j124.htm.

Luhmann, Gespräch mit Niklas (1996). Man Zwingt Andere Begriffe
Zur Anpassung. *Universitas*, 51(604), 10117-1027.

Masschelein, Jan (1999). Der andere Wert des Wissens: Unterricht als
Problematisierung. *Zeitschrift Für Pädagogik Heft*, 4/99, 1-28.

McIntyre, Donald (1995). Initial Teacher Education as Practical
Theorising: A Response to Paul Hirst. *British Journal of
Education Studies*, XXXIII(4), 365-383.

McLaughlin, Milbrey W. (1997). Rebuilding Teacher Professionalism
in the United States. In Andy Hargreaves & Roy Evans (Eds.)
"*Beyong Education Reform: Bringing Teachers Back In*".
Buckingham: Open University Press.

Nagy, Maria (1998). Teacher Training in Central Europe: Recent
Developments. *European Journal Education*, 3(4), 393-406.

O'Connor, D. J. (1973). The Nature and Scope of Educational Theory
(I). In G. Langford & D. J. O'Connor (Eds.) "*New Essays in the
Philosophy of Education*". London: Routledge & Kegan Paul.

Oelkers, Jürgen (1989). *Die Grosse Aspiration: Zur Herausbildung
der Erziehungs-Wissenschaft im 19*. Jahrhundert. Dormstadt:
Wissenschaftliche Buchgesellschaft.

Parker, Stuart (1997). *Reflective Teaching in the Postmodern World: A
Manifesto for Education in Postmodernity*. Buckingham: Open
University Press.

Piper, David (1997). Authentic Teaching and Learning in Cyberspace:
A Heideggerian Perspective. *Westminster Studies in Education*,
20, 75-87.

Pitt, Alice J. (1998). Qualifying Resistance: Some Comments on Methodological Dilemmas. *Qualitative Studies in Education*, 11(4), 535-553.

Popkewitz, Thomas S. (1994). Professionalization in Teaching and Teacher Education: Some Notes on Its History, Ideology, and Potential. *Teaching & Teacher Education*, 10(2), 1-14.

Roberman, Susan L. (1996). Markets and Teacher Professionalism: A Political Economy Analysis. *Melbourne Studies in Education*, 37(2).

Rouet, Gilles, Savontchik, Stanislave & Poupineau, Fabrice (1996). *Dictionnaire Pratique de L'enseignement*. Paris: Ellipses.

Saha, Arunoday (1998). Technological Innovation and Western Values. *Technology in Society*, 20, 499-520.

Shacklock, Geoffrey (1998). Professionalism and Intensification in Teaching: A Case Study of 'Care' in Teachers' Work. *Asia-Pacific Journal of Teacher Education*, 26(3), 177-189.

Shulman, Lee S. (1987). Knowledge and Teaching: Foundations of the New Reform. *Harvard Educational Review*, 57(1), 1-22.

Teeple, Gary (1995). *Globalization and the Decline of Social Reform*. New Jersey: Humanities Press.

UNESCO(1996). *Learning: The Treasure Within*. Paris: UNESCO.

Von den Driesch, J. & Esterhues (1952). *Geschichte der Erziehung und Bildung*. Paderborn: Ferdinand Schöningh.

Watson, Keith (1999). Lanugage, Power, Development and Geopolitical Changes: Conflicting Pressures Facing Plurlingual Societies. *Compare*, 29(1), 5-22.

White, Cameron (1998). Technology Integration in Social Studies and Teacher Education: A Postmodern Critique. *CSS Journal - Computers in the Social Studies* 6(3).

http://ww.cssjournal.com/journal/tech.html.

White, Cameron (1998). *The Role Technology in Teacher Education: A Postmodern Critique.*

http://www.coe.uh.edu/insite/elec_pub/HTML1998/th_whit.htm.

Willis, Jerry (1998). *Technology and Teacher Education: A Research and Development Agenda.*

http://rice.edn.deakin.edu.qu/archives/jtate/v1n12.htm.

Wilson, Janell D. (1996). An Evaluation of the Field Experiences of the Innovative Model for the Preparation of Elementary Teachers for Science, Mathematics, and Technology. *Journal of Teacher Education*, 47(1), 53-59.

Wilson, John (1989). De-intellectualisation and Authority in Education. *Oxford Review of Education*, 15(2), 111-119.

Yang, Shen-keng (1998). *Comparison, Understanding and Teacher Education in International Perspective.* Frankfurt am Main: Peter Lang.

＊本文依據國家科學委員會補助專題研究計畫「教育學發展與師資培育學程之規劃」（計畫編號：83-0301-H-003-026），部分研究結果撰寫而成謹此敬向國科會致謝。

＊本文係應國立中正大學教育學院舉辦「迎向千禧年──新世紀的教育展望」國際學術研討會之邀所撰講稿，由於交稿較遲，未及刊登於該研討會論文集。今徵得中正大學教育學院同意，移刊於此，謹此敬致謝意。

教育哲學的進步：由當代
台灣教育哲學典範之轉移談起

溫明麗

台灣的教育在此半世紀中，

可以說前三分之二的時間用在「守成」，

後三分之一的時間則在一連串的變革中度過；

是守成使社會安定？或變動使政治與經濟急速起飛？

接下來的新世紀，台灣的教育該何去何從？！

壹、前　言

玻德溫（E. E. Baldwin）於論述教育的功能及其卓越特色時曾提及：教育能幫助人類超越政治的無知，以改造社會；發展批判的意識，以促進人類福祉。（Baldwin, 1987, 16）質言之，玻德溫認為，社會所以能邁向卓越的關鍵，乃基於教育能涵養人類之反省與批判能力。又如《卓皮納斯文化報告》（*Riding the Waves of Culture*）一書所闡述的：「文化是有層次的，就像洋蔥一樣。若要瞭解一個文化，你必須一層層的揭開它……價值是『洋蔥』較深層的部分。」（Trompenaars & Hampden-Turner, 袁世珮譯，

1998，10）筆者頗爲同意上述學者的論點，故本文所論述之「教育哲學」，並非狹義的指教育課程中的「教育哲學」科目，亦非專指「教育哲學」研究的直接領域，而是廣義的涵蓋整個教育的思維與所有的教育活動。

限於篇幅，本文不再對教育哲學的定義重加探討，而視其爲指引與推動教育活動之價值體系。借用亞里斯多德之言，即視「教育哲學」爲教育之「動力因」和「目的因」，故可由分析教育哲學發展之轉折，推估與解說教育活動的本質和內涵。於此筆者不揣淺陋，大膽嘗試透過文獻的閱讀、教育實務與實踐活動的觀察和親身體驗，將台灣本世紀教育活動所隱含的「教育價值觀」，依照筆者所歸納的四大典範——殖民典範、實用典範、民主典範與重建典範——闡述、分析和對比各典範間的特色與內涵，俾藉著透視台灣教育活動背後的本質和思想脈動，期能勾勒出台灣教育哲學發展的動向，以奠定進一步反思和發展台灣教育的基礎，並藉之以就教國內關心教育哲學發展的學者們。此等作法乃個人初生之犢不畏虎的傻勁與勇氣有以致之！

雖然本文主要以本世紀的台灣教育爲探究對象，然基於思想和歷史的無法全然分割，故將荷蘭、滿清政府、及日本實施皇民化教育（1895-1945）、及國民政府播遷台灣等凡對本世紀之台灣教育產生影響之內容，均在文中略加闡述，以顧及檢視教育活動之歷史整全性。另一方面，筆者認爲歷史是一個橫向的大連鎖，若欲強將教育活動所依附的哲學「模式化」，多少會化約教育活動的整全性；相對的，若不將教育活動的內容及其背後的價值觀模式化，則非但不易明察教育活動背後所隱含的哲學觀（此即後設教育哲學）的瞭解流於片面或表面，以至於難以對未來的教育政策提出適切的建言。

處於此兩難的弔詭，筆者只好「強」將本世紀台灣教育背後所依附之教育價值觀，劃分為四大範型，擇取教育活動中突顯之理念特質，將之納入先驗預設的典範中，作為省思台灣教育之準據。如此作法一則限於方法論之有窮，再則囿於筆者之能力，不足之處，除筆者今後當更努力之外，也盼國內學者方家能更細步、更深入的探索台灣教育的點點滴滴，無論巨觀的國際化或微觀的本土化，也不論是高層次的教育目的或較基礎層面的教育實務等方面，均能後浪接前浪的接續研究，則可以彌補本文之闕漏。

貳、台灣教育哲學的四大發展脈動──典範類型與轉移

整個教育即為一個舞台，

典範的轉移，只是角色的更替，

不是永遠、完全的取代。

　　「典範」（paradigm）一詞，乃孔恩於其《科學革命的結構》（The Structure of Scientific Revolutions）一書中所提出者。他就研究的社群指出：「凡持相同典範之研究者，其在該社群中所採用之規則亦相同。」（Kuhn, 1968, 11）此意指在同一典範中的研究者，將受到該社群的認同，該社群成員也彼此認定，該社群的研究才是真正的「正統科學」（normal science）；相對的，舉凡與該社群所持之典範不同者，將被該社群視為「另類或異類科學」（anomalies）。然而，此種區分並不表示正統社群將是永遠的科學典範，所顯示的是：該正統典範只在某時空下，某社群所認定

的「主流」。也因此，人類的科學不至於沒有進步的空間。質言之，正統科學與另類科學，孰為正統？孰為另類？不但不可斷下定論；而且兩者間的更替亦未能確定，亦應無法確定更替的限期。總之，「正統或另類」，端視人類科學研究的結果是否能「說服」或「超越」當時已被認定為「正統」之典範而定，而非一普遍、絕對的概念。

本文所稱之「教育哲學典範」，即基於孔恩之理念，將台灣教育活動背後所影射或蘊涵之哲學思想，依照時間之先後和其展現教育理念之特質，劃歸為「殖民典範」、「實用典範」、「民主典範」以及「重建典範」四大時期。此四大典範雖然各有其萌芽、發展與興盛時期，然而並不表示此四大典範彼此可以截然分開。易言之，雖然各典範彼此間互有消長，但亦不代表各典範間完全互為消長。舉例而言，當第二典範興起之際，第一典範「可能」被推翻、修正或取代，但並不表示第一典範必然完全消失、終止或永不再出現；同理，當第二典範取代第一典範成為正統典範後，也不表示第三典範根本未存在。因此，我們只能將典範的轉移視為教育活動的另一思潮和脈動之變動；同理，當新典範興起並取代了前一典範時，被取代的典範必定呈現蕭條，而取代者就某個面向而言，已較前一典範彰顯出某種程度的「進步」。此所稱之「進步」，乃指人類理性思考的成果（Popkewitz, 1997, 136），但是如前所述，新典範的產生並不必然使舊典範完全銷聲匿跡或永不再「重現」。

以下即探究台灣教育哲學四大典範形成之因，以及各典範之內涵和特色，並藉著闡述各典範之轉移，剖析典範轉移的可能因素，俾提供台灣邁向二十一世紀教育改革之參考。

一、殖民典範——不知我是誰

奴隸對於未來，除了等待之外，仍舊是等待，
他甚至不敢奢望有一天他也將長大成為主人。

「殖民典範」的教育特色，顯露於教育活動與目的不重視受教者主體性的發展；相對的，教育只是統治者用來促使被殖民者易於接受統治的工具。考台灣歷史，由於長期飽受外來政權統治，致教育活動不但難以隱藏各統治者之經濟或政治觀，反而壓抑屬於台灣人自己的政治、經濟與文化觀，使台灣的文化價值觀有意無意的淹沒於無形，教育哲學也多隨著被殖民的國家命運而充滿「殖民典範」色彩，鮮少具有自主特色。

台灣教育活動中的殖民色彩迄今尚未完全連根拔除，其中最明顯的例子，可算杜威思潮的「入侵」。析言之，杜威教育思想至今既未完全被逐出台灣教育圈外，亦未將之本土化，故其對台灣教育活動之影響，並未因著台灣學生生、心理的不同，或者隨著台灣社會與政治環境生態之變遷，而有所不同，仍高唱以「兒童中心」為主軸，所謂「教育即生長」、「教育本身無目的」等主張，仍一脈「照舊」相承，未見其因應時代與文化變遷之需而「推陳出新」，此乃殖民典範最佳的例證。本文的主旨雖不在窮究台灣的歷史，但是，為闡明殖民典範的要義，仍有必要略述台灣受外來政權統治的重要教育活動，方能彰顯殖民典範教育哲學的本質與特色。

台灣位於西太平洋，約距中國大陸有一百八十公里，即東經119-122度，北緯21-25度，面積約三萬六千平方公里，人口現在

約有兩千兩百萬人。若依照許極燉之研究，「台灣」一名，多所演變，如「夷州」、「流求」、「雞籠山」、「雞籠」、「北港」、「東藩」、「台員」、「大灣」、「大宛」與「台灣」等（許極燉，1996，4-5）然而，若就史料之記載，爲各國所愛用的「福爾摩莎」（Ilha Formosa），乃十六世紀前葉，荷蘭人在台灣海峽讚呼此不知名之「美麗之島」的音譯。

十七世紀以後（確切時間尚不可考），漢人陸續移住台灣。據日本人的研究，台灣原住民的種族應屬於「南方蒙古人種」的「原馬來人」；在語言上，則屬於南島語系的「馬來波利尼西安語族」的「印度尼西雅語系」（Indonesian）；細分之，又可分爲住在山地和海島的高山族，以及住在平原地帶的平埔族；高山族又分爲泰雅、阿眉、雅美、布農、排灣及曹族等十個族群；平埔族又可分爲凱達格蘭、葛瑪蘭、西拉雅等九個族群。由於平埔族與漢人的交流、接觸與通婚，平埔族乃逐漸被漢化。（許極燉，1996，6）

荷蘭人可以說是各外來政權入侵台灣的後來居上者，因此也正式成爲台灣島上第一個外來政權。荷蘭人當時透過宗教的力量，採用懷柔政策，並教化台灣人民，俾便於其順利的管理與統治台灣人民（Grajdanzev, 1942, 154-159）。荷蘭統治下的台灣教育，嚴格論之，並未具主體性，其教育目的不在開展台灣人民自我反省與自我實現的能力，而是爲了便於荷蘭人統治台灣、利用台灣經濟資源及安定台灣社會。一言以蔽之，台灣教育的主體不是受教育的台灣人民，教育乃符應外來統治者的需求。當時荷蘭人在台灣所實施之宗教教育，亦可視爲台灣殖民教育活動的濫觴。

一六六二年二月，荷蘭人終於結束了長達三十八年的對台統治（1624-1662）。其後，台灣雖然曾被鄭成功祖孫三代統治長達

二十二年之久（1661-1683）；直至一八七四年（同治十三年），台灣又再度開啓外來民族（日本）殖民的序幕，終於在一八九五年，台灣「合法的」淪爲日本的殖民地，台灣人民也開始接受二度的殖民教育——皇民化教育。

此所稱之「皇民化教育」，指日本統治者切斷一切屬於台灣本土的「資源」（含物質、人力與價值觀），企圖將台灣人變成徹頭徹尾的「日本人」：說日本話、寫日文、持日本文化思想等，表現出一副與日本人完全相類的行爲與價值觀。明顯的，皇民化的教育亦使台灣人民的主體性無法彰顯出來，「殖民典範」的特色再度彰顯無遺。

日本統治台灣的五十年間，歷經兩次世界大戰，至一九四五年九月二日，日本正式投降後，台灣方脫離日本的統治。但是，從外族的統治逃脫出來，台灣是否就脫離殖民地人民的地位與心態？仍有待進一步探討。姑且不論台灣光復後的政治觀爲何，若就歷史和教育的觀點言之，台灣於國民政府接收之後，無論在政治、經濟與文教上，仍未能展現台灣人的自主性；反之，台灣仍然接受國民政府自福建等內地「移植」而來的政策，甚至於自一九四六年起，即開始響應蔣介石提倡的「新生活運動」，而非開展台灣人民的自主運動。（許極燉，1996，455）上述政策正顯現台灣在接受國民政府統治後，其形式上似已自立自主，但在實質上，台灣仍處於殖民地位，仍處於仰他人（國民政府）鼻息的處境。

一九四九年國民黨政府正式退守台灣，但是，由於在政治和經濟上均無法抵擋戰爭產生的混亂與顛沛，於是自一九五一年開始，台灣開始接受美國長達十五年之久的美援。然而在文化與教育方面，國民黨政府則企圖以「中國化」取代日本的「皇民化」

教育，嚴禁台灣發展屬於台灣人的語言、文化和思想。因而，使甫逃脫日本殖民統治的台灣，又再度陷入另一個「殖民化」時代。

簡言之，在此期間，中國內陸的文教與政治，均隨著國民黨政府播遷至台而移植至台灣本土。當然，台灣在美援時期，也難免受到美國的影響，而且更甚者，可能由於英國首先承認中華人民共和國，並隨即與台灣的國民黨政權脫離邦交，使得台灣的留學生也自英國轉向美國。如此一來，台灣的「美國化教育」也隨著留美學生而興盛起來。

台灣學生留學國的轉變，不但顯示台灣政治與外交關係的轉向；更顯現台灣文化與教育發展思潮的變革。質言之，留學國的學術隨著留學生的返台而直接、間接的傳入台灣，因此，當留學生集中於美國後，台灣教育的目的、政策、課程與教學等方面，便顯現「仿美」色彩，因而有人譏稱台灣乃美國之一州。杜威思想在台灣「發燒」，亦是此等殖民心態的產物。

當台灣教育「美國化」之後，除了教育思想美國化之外，教育制度、教學方法與課程，也以美國馬首是瞻。例如，能力本位課程目標與評量；兼重認知、情意和技能的「布魯姆」（Bloom）教學內涵；延長義務教育的政策等，均顯露台灣教育所沾染的美國色彩。所以難以擺脫被殖民的心態可能因為台灣長此以往受到殖民統治，以至於殖民心態也已經根深柢固的埋在台灣教育活動中而難以連根拔起了。台灣在李遠哲回國之前，鮮少人提及「鄉土或本土」等論點，更遑論原住民教育、鄉土教學、母語的合法化會成為「主流思潮」。此現象亦多少與台灣長期受到殖民統治相關。

迄今，台灣教育隨著世界潮流的脈動，無論走向行為主義、認知學派，或自一九八三年以降的多元智慧、建構理論，甚至於

近年來如火如荼展開的終身教育、回流教育和學習型組織等理念，在在彰顯台灣政府與人民對「舶來品」的追逐熱潮，卻總未見台灣找尋屬於自己的根，連日常生活也未曾「鬆懈」過，如電子寵物、寫真集的搶拍、Kitty 貓的搶購等俯拾皆是，此是否也可解讀為台灣教育長期不重視「教育哲學」導致的現象。

台灣的教育理念發展至今，幾乎一直處於「殖民典範」。然而，筆者並非認為凡外來的必定錯誤或不適用於台灣，只是對於台灣教育逐漸喪失「本土化」、「自主性」，以及充滿「崇洋媚外」的殖民地心態感到憂心，政府和教育工作者實不宜輕忽台灣教育的殖民心態，其根本而具體的作法則應重視「教育哲學」的研究和教學。例如教育改革方向的確立與目的的檢視，若有哲學家或教育哲學家的參與，相信可以有去蕪存菁，增添人類經驗結晶之效。

為了再度突顯台灣教育哲學典範的轉移，筆者較嚴格的限定「殖民典範」的範圍，並以廢除「動員勘亂時期臨時條款」、開放黨禁、教育鬆綁等具體的政治「符碼」，作為區分台灣教育脫離殖民化，逐漸邁向開放、民主，並訴求本土化的界線。

繼之，本文擬藉著闡述沾滿行為學派特質之自然科學的「實用典範」，並陳述該典範之方法與內容，以突顯實用典範教育哲學之特色。

二、實用典範 —— 虛弱的回光返照

存有的三種類型分別是:

為己存有;

為他存有;

為成為認識的對象而存有。

此副標題所稱之「虛弱的回光返照」乃相對於殖民典範的進步而言。「實用典範」最顯著的思潮即行為學派的論點。「行為學派」立基於自然科學的「實證性」、「他律性」與「絕對客觀性」原則,並完全接受自然科學律則的普遍有效性與實用性觀點。當我們將之轉化至教育活動時,會彰顯下述特色:

1.以追求絕對、客觀的真理為鵠的。
2.讚頌理性知識的偉大,並不容隨意質疑感官經驗的可靠性。
3.主張以經驗檢證作為真理和知識的根本判準。
4.講求律則之有效性、確定性與唯一性。

就上述特色而言,台灣自一九六八年起若干教育政策與教育活動所隱含的教育價值觀,均有崇尚「自然科學實用典範」的具體表徵。例如,提倡重視「量化」的教育機會均等所實施之延長義務教育政策;實施能力本位教案敘寫;重視教育與職業之關係;視教育為維護社會治安、帶動經濟成長及推動民主政治不可或缺的手段等皆屬之。(行政院教改會,1995)

此外,我們亦可由檢視下列教育思潮所展現的特質與內容,突顯實用典範所具有之講求實用性、普同性之教育特色。例如,

課程內容是否較偏重實用性的成效？是否企圖拋棄殖民典範時期的傳統包袱，致力於開展人類的主體理性？是否強調經驗的重要甚於符應理性所架設的「理想類型」（ideal type）或「基模」（schema）？是否要求同一性勝於殊異性（如統一教材、國定課程等措施）？是否重視立即解決問題重於長期的教育投資？是否重視量化的評鑑勝於質的評量（量化的評量重於描述性評量）？是否職業教育的經濟性逐漸受到重視？是否割捨對流浪街頭、無人看管之孤兒的照顧，卻將教育經費用於實施特殊教育，尤其是資優教育？是否信賴科學量表的信度與效度，甚於教師本人的觀察報告？（林玉体，1987，88）上述現象均可自教育法令的內涵、教育政策的訂定、課程的設計、教學的目標等方面加以理解並驗證，證明台灣教育哲學實用性典範的確存在。（黃政傑，1996，54-73）

實用典範的教育準則對於台灣教育的正面影響是否必然多於其負面作用？如果其負面影響多於正面時，教育哲學又該發揮何種功能？教育哲學典範所以轉移的原因是否相類？實用典範之教育哲學何時方能有所轉移？何以台灣教育哲學會從殖民典範轉移至實用典範？以下隨即探討教育哲學典範轉移的原因與條件，俾提供確立、反省與修正教育哲學典範發展的參照，也再度證成教育哲學對教育改革無可或缺的角色。

筆者認為，一個典範的形成與轉變，應該有一個「能動」（noesis）的主體意識，配合時空與外在的條件而形成。所謂「能動」指的是主動推動事件發生或變革的動力，此動力的產生常基於人類的理性意識到變動的必要性所引發的行動。就台灣教育哲學所以能由殖民典範轉化至實用典範而言，則除了若干外在條件的配合之外，最重要的因素便是台灣人民意識到被殖民的不正義

所發動的反省行動。

　　析言之，當人民意識到被統治的「不公平宰制」後，可能促使「社會正義」意識的抬頭，進而興起追求自主性的風潮，就像歷史上的文藝復興運動、宗教改革、啓蒙運動，以及後現代思潮和女性主義的興起等亦是如此。然而台灣的情況與上述運動有若干不同。其相異處主要來自兩方面：一方面是世界潮流大舉「入侵」，使長期處於被殖民的台灣人民一下子眼花撩亂，因而喪失抵抗力，只好完全接收、全盤模仿外來文化；另一方面，由於長期教育活動皆扮演著為人作嫁裳的角色，又未能重視教育哲學的功能，於是教育未能發揮啓蒙功能，遂使人民仍囿於無知之境。基於上述兩項因素，台灣教育雖然企圖脫離殖民典範，卻仍接受了另一類的殖民文化——即西方社會的科學實用思想。

　　例如，當台灣社會受到盛行於美國的「實用典範」教育思想的影響時，一則因為該思想符應台灣社會當時的需求；再則，當時美國文化中重視自由、民主的價值觀，更彰顯殖民典範之台灣教育的欠缺主體性，故講求實用的科學典範，旋即蔚為台灣教育哲學的新典範，而引發一連串的實用之風、功績之論、兒童中心主義以及能力本位掛帥制度與政策。此就是何以台灣在一九七〇年代，無論教育政策和目的，或是課程和內容，一概以追求能力本位、講求效率和實用等為最高的準據和追求的目標。其實，此乃呼應當時美國社會所熱中的「績效責任、功績制度、能力本位與行為主義」之實用性、科學性與效率性之教育思潮。

　　從殖民心態走向自主性的過程中，人類可能必須通過觀摩期或混沌期。在此過渡時期中，最簡易的方法莫過於直接的模仿。模仿，一則可以免除自信心不足的困惑；再則，易於為下一階段的成長奠定初基，有可不必擔負「實驗」失敗的責任。此等不負

責任以及缺乏信心的風氣，導致台灣教育自殖民典範走向實用典範之際仍去除不掉已被殖民色彩染透的心靈。

此等模仿或渾沌現象，不僅發生在台灣，德國亦有相類的情況發生。德國在一九七二年之前，教育政策曾面臨兩難困境：即該以維護傳統的嚴格篩選入學制度爲重？或者以尋求高效率並提升受教數量的教育成果爲主？（Phillips（ed.），1995, 76-77）到底教育該提升受教數量，或實施適性教育？若採用前者的觀點，則國家必須付出巨額的教育經費；反之，若考慮由政府來控管，則教育很可能無法達成適性教學目標。然而當時的德國決定仿效法國的教育制度，致力於發展職業教育。當時德國所以主張發展職業教育，多少顯露出自然科學教育「實用典範」的教育思潮。

實用典範的教育思潮表現於教育活動上較明顯的措施，如：「追求精緻化的卓越發展」、「提升教育水準」、「擴增學生數量」、「擴大研究所在職進修管道」、「有效籌措教育資源」等精進國力競爭、帶動社會發展、手握科技利器、學校企業手牽手、全民素質大躍升、班級精緻化等政策與活動。（教育部，1998，10-15；教育部，1999，3-62）易言之，此時期在教育政策與內容上雖有改變，然而已經被矮化了的殖民心態卻未曾變動，惟殖民者不同——即由實質的政權轉變爲抽象的科學實用思維。

嚴格論之，實用典範的教育思想並非台灣土生土長的產品，乃由美國空飄來台的舶來品。於此，筆者無意貶抑台灣教育哲學的發展，亦非否定自然科學典範的實用價值與貢獻，而旨在從實用典範的特色闡明，實用典範仍然只是另一種「殖民典範」的變形，即所謂「後福特主義生產邏輯」下，追求邁向新世紀、提升國際競爭力等，符應後資本主義社會市場導向之價值，而非自人的角度出發，想重建主體內涵的思考模式。此又再度突顯台灣教

育忽視教育哲學所付出的代價。

　　果如此，則台灣教育何時才能擺脫殖民心態之宰制？認知學派崛起之「民主典範」是否可以促使台灣的教育活動脫離殖民心態？對實用典範的反思，是否能重新替台灣教育之人文思維定位？又「民主典範」是否能成為台灣教育肯認「互為主體性」之基礎與見證？或許近年來各界呼籲重新思考「通識教育」實施的必要，即為「民主典範」的實際活動。然而毋庸置疑的，上述的反省皆是教育哲學發揮的功能之一。

三、民主典範

> 科技的宰制，由於對存有的遺忘；
> 過度強調社群的和諧，便是抹殺主體理性。

　　認知學派的崛起，顯示行為學派所彰顯之實用典範的沒落；也透顯台灣脫離殖民心態的重要契機。「民主典範」的興起，乃基於政治的變革。人民對政治的關懷，透顯著主體意識的抬頭；基於主體意識的抬頭，人類對於教育的關懷點也有所轉移。若「實用典範」的特色在於透過「科技」去「適應」周遭的人與事務；「民主典範」則著重人類「主體性」之開顯。此指出「民主典範」不但顯示人類仍然努力不懈的企圖掙脫受自然束縛的決心，更證實人類已逐漸醒悟到——企圖掌控自然的結果，非但未能成為完成人類成為自然宇宙主宰的美夢，反而淪為其「階下囚」。

　　此等窘境與殘酷事實一方面開啟人類向「實用典範」挑戰的契機。「民主典範」追求人類「主體性」的真正彰顯。「實用典範」藉著科技以彰顯人類存在的價值以及主宰自然世界的能力；「民

主典範」則認定，主體本身的彰顯方為「存在」的真正意涵。易言之，人類已漸漸醒悟到，不僅需要彰顯人類主宰自然的能力，更應該「主動的」成為被宇宙萬物所認可的主宰，絕非一廂情願的陶醉在「宇宙主宰」的假象。然而，「實用典範」與「民主典範」的產生，並不表示台灣的教育已擺脫了「殖民心態」；反之，「民主典範」亦存在相類於「實用典範」的殖民心態。此可由國內的教育大抵仍依賴外來理論為主的情況，可見一斑。

筆者認為，「實用典範」與「民主典範」可視為一體的兩面。兩者同以宰控為目的，惟其顯現的外貌有所不同：「實用典範」展現的是理性所建構的客觀、公平與實用性價值觀；相對的，「民主典範」則強調透過理性以宰制社群或文化的樣貌。就上述之分析，筆者歸納「民主典範」彰顯於教育活動之主要特色如下：

1.強調人類對生活環境的關心，彰顯「人文」的優越性。

2.重視科技教育，重申人類宰制客體環境的可能性。

3.注重特殊教育與倫理問題，如重視情緒教育、關懷身心障礙者及弱勢族群的教育。

4.基於人人平等、教育不分年齡與社經地位的理念，大力推展推廣教育與成人教育。

5.為落實民主教育理念，教育優先地區再接再厲實施。

6.基於兩性平權的教育理念，婦女教育受到保障。

上述教育活動可視為「民主典範」教育哲學的具體展現，其中較具代表性的教育哲學，則呈現於對人文社會科學（含環境教育）以及語言哲學的研究，此教育哲學一改「實用典範」對行為主義哲學以及自然實證科學的重視，此亦是教育哲學界的一大進步。

海德格（M. Heidegger, 1889-1976）在《理性原則》（*The Principle of Reason*）一書，闡述「存有」理念之際，已約略的點出主體與客體互為主體的關係。此種關係的彰顯有助於我們理解「民主典範」的本質。他指出：

> 「有（存有）」在萬物的物性中，銳不可當。經由某種互惠關係，事物的客觀性對主體產生某種程度的影響……當我成為主體，展現為主體之前，「存有」具有客體的特性，因此主體認知方可能彰顯其自我認知。（Heidegger, 1991, 55; 77）

海德格所稱之「有」，乃兼具「實用典範」與「民主典範」所強調之特色，即物性（客體世界）與悟性（主體世界）的相輔相成造就人類理解自己、理解世界的基礎和可能性。人類也因為可以透過物（含外顯行為）而理解和彰顯自己；物（外顯行為）亦因著主體（人類）而呈顯其存在的特質與意義；更甚者，主體本身不但可以「內在於自己」，亦有能力「跳脫自己」，把自己視為被認識的外在客體，並進行自我的理解。由此可見，雖然海德格的存在哲學主要在於彰顯人存在的意義，但是另一方面，也標榜著主體存在的可能性，更積極的證成了教育哲學發展的可能性與應然面。

海德格的存在思想有助於解說台灣教育哲學發展過程中民主典範所彰顯的「主體性」。質言之，中西方的教育活動對於民主的訴求，在追求自我主體性之餘，均摻雜著對集體權力介入個人價值體系的反撲；此亦是人類理性對科技與知識宰制的反擊，（Giroux, 1994, 103）更是加速教育哲學走出實用典範，邁入民主典範的重要沃土。

就台灣教育的實際活動言之，呈顯出「民主典範」特質者可列舉如下：(1)對考試領導教學（屬於自然科學之實用典範）之省思；(2)對適性教學與學生個別差異的重視；(3)採行教育權「下放」或「鬆綁」的政策；(4)擴充教育決策參與面的廣度；(5)鄉土教育納入正式課程的多元文化措施；(6)兩性平權教育的呼籲等方面。

　　本世紀末台灣的教育改革重點中，如「以多元入學方式暢通升學管道」、「建立多元自主的高等教育制度」、「加強弱勢族群教育」、「教育行政授權」、「技職教育多元化」、「發展小班教學精神」、「推展教訓輔三合一」等措施，（教育部，1998，10-18）雖然也顯現民主典範教育哲學的特色，但是此並不表示台灣教育哲學的發展可以滿足於「民主典範」期之來臨而停滯於此；相反的，政府或教育工作者更應該立基於民主理念的基石上，敦促台灣教育改革的步調更為迅捷、更大刀闊斧的往前邁進。

　　然而台灣近年來所從事之教育改革是福是禍？仍難蓋棺論斷。例如四一○教改聯盟所提出之：一個自由多元的國家，應該可以同時存在依照各種不同教育理念興辦的學校。（四一○教改聯盟，1996，127）此種論點雖然符合民主典範的訴求，卻仍難免將受教育者視為教育實驗品之虞，因為人類尚未能證成民主典範是唯一、普遍最好的教育哲學典範。易言之，民主典範是否能完全解決教育走入實用化的窠臼，仍有待進一步驗證。但是無可置疑的，民主典範所彰顯之人類主體理性的張力，多少提供教育進步的新契機。質言之，民主典範確立教育的自由化與多元性——自由化減少理性彰顯的阻礙；多元性提供理性的對比和重新省思的可能性。因而我們可以說，民主典範發展的極致不只是自我存在的彰顯，更是自我理性的不斷省思。

　　為進一步突顯自我省思的理性功能，本文在闡述民主典範之

後，特別提出「重建典範」，一則顯現民主典範不斷透過理性省思，以建立更具合理性教育準據的積極意義；再則也更彈性、多元的推動民主典範提出教育活動永續經營的具體發展。

四、重建典範

意識若不接觸客體與生命，
只停留於獨白，
則無法產生意義。

「重建典範」不同於「民主典範」之處在於，「重建典範」的理性強調理性之不斷開展與自我反省的辯證特質。葛來士（H. P. Grice）所提倡之意向性決定語言意義之說，即為「重建典範」之一例。葛來士將「意向性」分為三種：(1)言者意圖引起聽者之注意；(2)言者意圖讓聽者理解其用意；(3)聽者適當的反應了其對言者之理解。（引自蔡源煌，1998，212）葛來士的論點開啟言者與聽者之間的多重可能性。當然，可能性必須建立在民主性的基礎之上，此亦是筆者所以在民主典範之後提出重建典範，以進一步確立民主應該不斷發展之用意和本質。

另外，奧瑞奇（Richard Aldrich）在《論國家教育》（Education for the Nation）一書中，曾透過學校課程的轉變，分析英國教育的變革。（Aldrich, 1996）就其方法論而言，該書之論點稱得上為理解國家教育發展的好方法。惟該書未能進一步藉著課程所彰顯之國家教育發展的方向，指出英國教育哲學的更迭，殊為可惜。然奧瑞奇的課程史學方法進路，卻有助於筆者在提出「民主典範」的教育哲學觀之後，對台灣教育哲學作一統觀的省思，並提出教

育哲學轉折的另一新典範——「重建典範」。

　　法令與制度是教育改革不容缺席的要角，然而課程不僅占有一席之地，亦是最具體，也和教師與學生關係最直接而密切的一環。台灣擬於二〇〇一年「上場」的九年一貫「課程」即為此中一例。就課程觀論之，社會文化所以成為課程結構與內容的素材，或以傳承為宗旨，或以開創為鵠的，然而均相同的表明教育決策者的社會文化觀。例如，主張教育應「重視客體世界」的論點，和抱持「看重人類主體」之教育哲學雖然有理念和重點上的不同，然而教育哲學和以往的不同並不表示不同哲學間必然彼此互斥，而只顯示該理念在某時空下的適切性或有不同罷了。

　　基於人類理性的不斷開展以及民主理念的方興未艾，教育哲學也不斷的更替與進展。不過，到底是教育哲學引領教育活動的變革？抑或教育活動牽動教育哲學之反省？則尚乏定論。筆者較同意卡爾（W. Carr）之論點，主張教育理論與教育實踐同屬教育哲學之範疇，而且教育理論與教育實踐存在三種可能的關係：(1)理論與實踐相輔相成；(2)理論與實踐各自獨立、互不相關；(3)理論與實踐對立、互斥。（Carr, 1995, 67-72）卡爾對於教育理論與實踐所抱持的其實是兩者相輔相成的關係。他解釋教育理論與實踐所以會產生第二、三種關係，乃因為教育活動所探討的對象或情境不同所致。

　　例如，師資培育課程所論及之教育原理，未必完全適用於實際教學的情境；甚至可能與教學實際情境完全無關。然而，究其原因，可能因為教學實際面對的問題，和賴以建立教育原理原則之實際教育問題的同質性不高，甚至完全異質所致。在此情況下，欲以舊有的原理原則來解決目前的教育問題，可能產生無法解決的現象。另外，當教育工作者囿於所學或錯用了理論，以致無法

解決教育問題，卻又不去深究教育理論與實踐之關係，反遽下斷言，認定教育理論與實踐無關，此乃因爲教育工作者誤解教育理論與實踐之關係，而非表示教育理論與實踐彼此互斥或無關。上述論點突顯教育理論與實踐的關係如同杜威之「教育經驗的生長說」一般，不斷地「重組」，而非一成不變，此亦意味著「重建典範」的教育哲學融會啓蒙、批判與解放之特質於一身，可視爲民主典範的極致。

台灣教育改革爲二十一世紀的教育所提出的方向——科技化、國際化、人本化、民主化、多元化；（教改會，1995，20-21）九年一貫課程的三大面向（人與自然環境、人與社會環境、人與自我）、五大精神（民主、統整、人文、鄉土與國際觀、終身學習）以及七大領域（語文、數學、社會、自然與科技、健康與體育、人文與藝術、綜合活動）；（教育部，1999a）以及喧嚣多時之多元智慧的理念（含建構教學）、小班教學等，就教育精神與課程方向而言，均突顯辯證理性的重建特性。

析言之，近年來台灣教育改革中所提出之多元化，並非抹殺個別差異，而是兼顧個別性與人文性之多元化。一言以蔽之，多元化的本質即爲個別化與人文性之辯證合：即爲「異中求同，同中可異」之教育觀。同理，多元智慧理論亦基於重視個別差異並期提升社會競爭力之產物。

因著辯證的反省性特質，以及辯證法對主、客體互斥卻相容的觀點，人類開展出對理性「絕對性」和「一元化」的質疑與重建，故「重建典範」與辯證的精神息息相關。「重建典範」的教育理念不贊同絕對的、唯一的客觀性、普遍性原理原則，更不認爲人類已掌握了至高無上的教育法則。其實此亦彰顯黑格爾（G. W. F. Hegel, 1770-1831）動態辯證以及主體理性（subjeicere）之特質。

戴維生（D. Davidson）所提出之「心理邏輯變律」（psychological anomalism）亦替「重建典範」建立了心理學的基礎。戴維生「心理邏輯變則」的要點可歸納爲二：(1)事務與人類心理活動之間所以存在因果關係，乃因爲人類的預設所致；(2)因果律乃基於人類理性原則。（Davidson, 1980）就此而言，除非教育活動屬於封閉系統，否則我們無法透過因果法則完全解說教育實際活動；相對的，我們也無法利用因果法則來預測未發生的事。就此而言，教育理論應該隨著實際活動而不斷地重整與修正，此即「重建典範」之精神所在。

舉例言之，皮亞傑（J. Piaget, 1896-1980）的知識發展理論乃基於人類心智能力或認知能力的發展，（Smith ed., 1992, 1）故由人類心智能力發展的程度，應該可以論斷認知的多寡與面向。（Smith, ed., 1992, 23-42）但是筆者質疑，如果人類的心智能力可以完全以皮亞傑的「認知基模」加以解釋，那麼我們必定可以透過認知發展的基模，推論人類認知的程度。然而迄今我們仍難以驗證皮亞傑的認知基模是人類唯一的認知模式；我們也無法證明，未來人類的認知必定與今日或過去的人類全然相同。我們甚至可以自日常經驗中提出反證，證明人類認知模式並不完全符合皮亞傑的認知發展論。例如，皮亞傑認爲，在形式認知前的嬰兒只能透過操作認識具體事務。（Smith ed., 1992, 23）果如此，我們如何能確定襁褓中的嬰兒未運用其抽象思維來認知外在的世界？他們又如何「理解」「愛」的抽象意涵？又對於愛的認識和感受是否人人皆同？如果我們無法回答上述問題，則因果律將面臨破滅的危機；同時，真理的必然性與普遍性亦可能被顛覆。因果律的破滅以及必然性和普遍性的不復存在，難免讓人類處於不確定的焦慮中，只是此等焦慮卻可能替人類開啓想像與創造的空間，

更可能爲理論的發展開啓另一扇理性思維之窗。此正是「重建典範」的要旨。

就小說而言,「寫實」與「虛構」分別展現「再現」與「創造或想像」之構設。「重建典範」所展現的不僅是「寫實」或「虛構」,而是「超現實」所彰顯的語言生命以及隱喻的活力。教育理論與實踐的關係亦然,在脫離「殖民典範」,並向「實用」與「民主」典範邁進之際,教育工作者更應秉持解放理性,隨著對教育認識的拓寬與增廣,不斷「重建」更合理的教育觀。

爲更簡約的闡明各典範之重點與特色,本文將上述各典範之教育精神與重點,歸納表列如**表一**。

表一　四種典範之重點與特色

典範 特色	殖民典範	實用典範	民主典範	重建典範
教育訴求	統治者的需求	績效論	主體意義與自我決定	主體考量客觀條件
課程	維護統治者的威權	講求效率與實用	主體意義的彰顯	多元化的發展
評鑑	僵化的認知與技能	具體行動與行爲目標	自評與互評並重	多元評量
教與學	灌輸與記誦	模仿、操作與熟練	強調表達與想像	解放、批判與創造

參、結語 —— 反省與展望

被殖民只是命運弄人；

反殖民則需要智慧與覺醒；

民主不是把他人視為兒童，

也無須為被踩死的螞蟻而哀嚎；

而需要重建理性與關愛的心靈。

　　我們可以由上述四種教育思想典範的轉移，一窺各典範間的消長並非完全可以用時間或空間來區隔，其關鍵的判準乃思考的深度與廣度。隨著教育目標、課程架構、教學和評鑑考量之深度與廣度的多元與變化，顯示出人類已開始致力於降低因為錯誤決定所引發的傷害。雖然人類難以自行蓋棺論定，但是歷史卻自有公斷，也許人類在冥冥中已被某種「已然存在」的律則所宰制。此預設屬於一種形上的預設，筆者無法論定，也非本文的重點，但是本文的探討卻釐清了下列觀點：

　　第一，無論人類的主體是否先於人類而存在，就台灣本世紀的教育活動而言，其發展的軌跡是自欠缺主體性（殖民典範時期），發展到複製或再製的講求效率（實用典範時期），再彰顯人類的主體性；繼之，覺醒文化霸權（hegemony）的宰制（含政治與經濟），並企圖解放已然存在的意識形態，然而立於民主基礎之上，人類又發現真理的不確定性，亦無法確認主流或邊界，重建典範的思想遂應運而生。

　　第二，重建典範的教育哲學並不排除殖民典範、實用典範和

民主典範之共存性。析言之,當台灣的教育工作者覺醒受到宰制後,即可放棄模仿與依賴;惟在拋棄模仿與依賴後,人類面對主體無所依附的「焦慮」,於是緊緊的抓住自然科學的「可驗證、可操作與可預測性」,以實用為訴求;然而當人類陶醉於自然科學充滿實用性的浮木後,卻發現主體仍被客體所包裹,因而主體更強烈的尋找民主的多元性;繼之,當人類陷入多元主義的「無主」困境後,乃深深覺醒到人類「不應只是順其自然,而應順其所應然(Not let it be, but rather let it back to it should be.)。」此所稱之「應然」,並非超驗理性的直觀,而是接受時空範限的理性共識。易言之,理性隨著時空的改變而不斷地重建。

第三,教育哲學典範之轉移,印證教育活動為有機的活動。因此,無論教育者或受教者,均應是有血有淚、有理性、有關愛的生命體,絕非不具生命脈動的客體。此亦闡明教育乃人的活動,而非純為文化傳承的本質。

教育觀的改變乃教育變革的本源。然而教育觀的改變未必是教育活動的完全揚棄,而是對於不合理教育思想的揚棄、修正與重建。因此,無論從傳統到現代;從文雅到全方位;從貴族到全民;從封閉到開放;從學校到社區;從出生到終生的教育活動,一則反應社會文化價值觀與教育活動間的動態關係,(吳秀瑾,1997,15)再則也彰顯人類理性的不斷開展,而教育重建典範的興起,更為人類理性啟蒙的成效注入一劑強心劑,因此,教育工作者應該以「教育乃理性啟蒙」之本質自勉自勵,繼續致力於人類心靈工程的開發、解放與重建。二十一世紀的台灣教育活動也因此更需要教育哲學的檢視、修正、指引與共同努力。

參考書目

一、中文部分

中華民國比較教育學會主編（1995，1996 二刷），《教育改革的展望：教育部與教改會政策報告評析》，台北：師大書苑。

四一〇教改聯盟（1996），《民間教育改革藍圖：朝向社會正義的結構性變革》，台北：時報文化。

行政院教改會（1995），《第一、二期教改諮議報告書》，行政院：教改會。

吳秀瑾（1997），〈比較海德格和傅柯主體性的批判〉，載於台灣哲學會：八十六年度學術研討會論文。

教育部編（1996），《愛的啓航——新課程的天空》，台北：教育部。

教育部編（1999a），《教育改革成果報告：跨世紀教改工程》，台北：教育部。

教育部編（1999b），《邁向教育新世紀：全國教育改革檢討會議》，台北：教育部。

林玉体（1987），《台灣教育面貌 40 年》，台北：自立晚報出版。

張芳全（1998），《教育政策：理念與實務》，台北：元照出版社。

黃政傑（1996），《教育改革的理念與實踐》，台北：師大書苑。

國立教育資料館編（1998），《中華民國教育年報》，台北：國立教育資料館編。

許極燉（1996），《台灣近代發展史》，台北：前衛出版社。

蔡源煌（1998），《從浪漫主義到後現代主義》，台北：來來出版社。

二、外文部分

Aldrich, R. (1996), *Education for the Nation.* London: Institute of Education University of London Series.

Baldwin, E. E. (1987), "Theory vs. Ideology in the Practice of Teacher Education" in *Journal of Teacher Education,* vol. 38, no. 1, pp. 16-33.

Carr, W. (1995), *For Education: towards critical educational inquiry.* Backingham, Philadelphia: Open University Press.

Davidson, D. (1980), *Actions and Events.* Oxford: Clarendon Press.

Drewek, P. & Luth, C. (eds.) (1998), *History of Educational Studies.* Berlin: Gent C.S.H.P.

Giroux, H. A. (1994), *Doing Cultural Studies: Youth and the challenge of pedagogy.* New York: New York: Routledge.

Grajdanzev, A. J. (1942), *Formosa Today: an analysis of the economic development and strategic importance of Japan's tropical colony.* New York: Institute of Pacific Relations.

Heidegger, Lilly, R. (trans.) (1991), *The Principle of Reason.* Indianapolis: Indiana University Press.

Kuhn, T. S. (1968), *The Structure of Scientific Revolutions.* Chicago: The University of Chicago Press.

Loukes, H., Wilson, J. & Cowell, B. (1983), *Education: An introduction.* Oxford: Martin Robertson.

Parker, S. (1997), *Reflective Teaching in the Postmodern World: a manifesto for education in postmodernity.* Buckingham: Open University Press.

Phillips, D. (ed.) (1995), *Education in Germany: Tradition and reform in historical context.* London & New York: Routledge.

Popkewitz, T.S. (1997), "The prodction of reason and power: curriculum history and intellectual traditions", in *Journal of Curriculum Studies.* Vol.29, no.2, pp.131-164.

Rorty, R. (1998), *Truth and Progress: Philosophical papers.* Cambridge: Cambridge University Press.

Russell, B. (1991), *Education and the Good Life.* 靳建國譯,《教育論》,台北:遠流。

Smith, L. (ed.)(1992), *Jean Piaget: Critical assessments.* London and New York: Routledge.

Trompenaars, F. & Hampden-Turner, C. (1998),*Riding the Waves of Culture.* 袁世珮譯,《卓皮納思文化報告》,台北:麥格羅·希爾。

Tsurumi, P. E. (1977), *Japanese Colonial Education in Taiwan: 1895-1945.* Cambridge, Massachusetts: Harvard University Press.

◎本文乃改寫自沈清松、傅佩榮總編,劉鎮維主編,《哲學雜誌》,第 29 期,頁 48-69,〈當代台灣教育哲學典範之轉移〉一文。

二十世紀台灣技職教育發展的歷程及其貢獻

楊啓棟

壹、緒　論

　　台灣地區地狹人稠，自然資源極爲貧乏，此種天然條件非人力所能改善。然而台灣在二十世紀後半世紀，創造了舉世矚目的經濟奇蹟，此一豐碩的成就，在眾多因素中之一，就是我們具備了優秀與充沛的技術人力資源所造成的。比較各國在經濟發展過程中所採不同之處，即是台灣普遍重視教育的發展；而在教育發展過程中，又特別重視技職教育的發展。

　　台灣技職教育的發展，是採架構在教育行政體系下，將技職教育的管理系統及學校型態，與普通教育平行的設計。

　　台灣技職教育體系涵蓋三個層次四類學校：職業學校（含高中附設職業類科）、專科學校、技術學院與科技大學。職業學校學制分爲日間部、夜間部、建教合作班、實用技能班、特殊教育實驗班及補校等。專科學校學制分二年制及五年制二種，二年制同時設有夜間部。科技大學、技術學院學制分爲學士班、碩士班、博士班，學士班又分二年制、四年制，均設有進修部在職班。（教

育部技術及職業教育司，1999）

　　台灣在技職校院及學生數量上的發展，從本世紀初時爲零，至本世紀末時，技職教育體系中計有：科技大學 6 所、技術學院 20 所，學生 67,379 人（其中大學部 64,402 人，研究所 2,977 人）；專科學校 53 所，學生 452,346 人（其中五專 197,855 人，二專 254,427 人，三專 64 人）；職業學校 201 所，學生 493,055 人。技職校院學生人數總計 1,012,780 人，占台灣高級中等學校以上學生人數的 58.9%。（教育部技術及職業教育司，1999）

　　台灣目前可以稱爲世界上的技職教育大國之一。（楊啓棟，1984）

貳、台灣技職教育發展的沿革

一、日本統治時期的技職教育

　　從一八九五年至一九四五年，台灣在日本統治的五十年又四個月中，因採農業台灣的政策，初期並不重視台灣人民的教育，對技職教育亦同。其技職教育學制採日本制度，僅設有農、工、商、水產等四類，以招收國小畢業生，修業年三至五年不等，戰時把五年制改爲四年。（台灣省政府教育廳，1955）

　　台灣在一九〇〇年時的職業教育場所僅有兩種，一種是以農業爲主的各種講習所（一或二年），另一種是日語學校附設的鐵道電信科和實業部（一年）。（汪知亭，1959）台灣最早設立的正式的職業學校爲台北商業學校（1917），其次爲台北工業學校

（1918）、台中商業學校（1919）、嘉義農林學校（1919），其餘職業學校先後設立於一九二六年至一九四四年間，共計設立農業職業學校 9 所，工業職業學校 9 所、商業職業學校 8 所，水產學校 1 所，共計為 27 所（台灣新生報社，1947），其學生人數為 14,628 人。（台灣省政府教育廳，1955）

在專科學校層次方面，計設有台北高等商業學校（1919）、台南高等工業學校（1913）、台北總督府農林專門學校（1919）等。（台灣新生報社，1947）台籍學生人數不多。（汪知亭，1959）

為限制台灣青年走向普通中學，殖民政府所採取的對策，是增設職業學校及職業補習學校，所以台灣地區在日本統治時代技職教育方面設有最多的是日本人不願進的職業補習學校 90 校。（徐南號，1988）

二、光復初期的技職教育

一九四五年至一九五二年期間，是台灣光復初期，當時的口號為「台灣光復，教育第一。」其主要內涵為中華文化的陶冶、民主自由風氣的養成、科學生產教育的實施等，故技職教育的改進，被視為重要的一環。

首先將職業教育改為「三、三制」高、初級職業學校，及增設醫事及家事兩類職業學校，先後公布及修訂各類職業學校教學科目及每週教學時數表，修建校舍及充實設備、提高師資素質、編印教材、改進教學等。在量的擴增方面，增設省立職業學校、調整與設置縣市立職業學校、私立職業學校的興辦等措施齊頭並進，至一九五二年時，職業學校數為 77 所，班級數為 947 班，學生數為 40,092 人。（台灣省政府教育廳，1955）

至於專科學校方面，由原台北經濟專門學校改組為台灣省立台北商業專科學校，但在一九四六年再改為省立法商學院，一九四七年併入國立台灣大學法學院；原台中農林專門學校改組為台灣省立農業專科學校，一九四六年再改為省立農學院；原台南工業專門學校改組為台灣省立工業專科學校，一九四六年再改為省立工學院。故在光復初期真正屬於技職教育體系的專科學校，僅為一九四八年創設之省立台北工業專科學校（現為台北科技大學）。（台灣省政府教育廳，1955）至一九五二年時專科學校學生數僅為 2,119 人。

三、實施經濟建設計畫後的技職教育

一九五三年至一九六八年期間是技職教育配合台灣經濟建設計畫，在量與質上，獲得相當的發展。

職業學校的發展，至一九六八年時，職業學校的校數已達 136 所，班級數初職達 994 班、高職達 2,075 班，學生數初職達 48,749 人、高職達 94,547 人。（教育部，1968）

專科學校的發展，一九五三年起先後創設省立海事專科學校、省立台北高級護理助產職業學校改為省立護理專科學校、創設省立農業專科學校等。同時鼓勵私立興辦專科學校。至一九六八年時，專科學校的校數已達 57 所，班級數達 1,440 班，學生數達 116,206 人。（教育部，1968）

四、施行九年國民教育後的技職教育

一九六九年至一九九一年，政府在台澎金馬地區實施九年國

民教育，在此期間，國民中學畢業生人數急遽增加，爲高中階段教育帶來極大的升學壓力，但政府所採的教育發展政策，是一方面限制增設高中，另一方面則擴充職業學校的容量，積極鼓勵私人興辦職業教育。此項政策影響了職業教育的結構，在同年齡階層的受教人口中職業學校學生數與普通高中學生數的比例由原來的四比六轉變成爲七比三。（楊啓棟，1973）

職業學校的發展，至一九九一年時校數達 216 所，班級數達9,897 班，學生數達 449,111 人。（教育部，1991）

專科學校的發展，至一九九一年時校數達 75 所，班級數達6,387 班，學生數達 315,169 人。（教育部，1991）

技術學院的發展，台灣於一九七四年設立國立台灣技術學院的設立，至一九九一年時仍然只有 1 所，9 系 113 班、學生數 4,899人。（教育部，1991）

五、發展與改進技術及職業教育中程計畫後的技職　　教育

一九九二年行政院核定發展與改進技術及職業教育中程計畫至今，多所技術學院及科技大學的設立或改制，可視爲高等技職教育的發展時期的來臨。其中最重要者如下：

1. 在專科學校方面：如一九九二年核定勤益工商專科學校改爲國立；一九九五年核定聯合工專改爲國立；設立高雄餐旅專科學校、澎湖海事管理專科學校。
2. 在技術學院方面：如一九九四年核定國立台北工專等 5 校改制爲技術學院；一九九五年核准成立國立高雄技術學

院；一九九六年核定國立嘉義農專等 7 所專科學校改制爲
技術學院；一九九七年明新工商專科等 5 校改制爲技術學
院；一九九八年核定國立屏東商業技術學院等 6 校改制。

3.在科技大學方面：如一九九七年核定台灣科技大學等 5 校
改名爲科技大學；一九九八年核定國立高雄技術學院改名
爲國立高雄第一科技大學。

目前一九九九年職業學校校數減爲 201 所，班級數達 10,854
班，學生數達 493,055 人。專科學校校數減爲 53 所，班級數達 8,822
班，學生數達 452,346 人。技術學院校數爲 20 所，科技大學 6 所，
學生數達 67,379 人。（教育部技術及職業教育司，1999）

參、台灣技職教育發展的關鍵因素

眾所週知技職教育是一種「二流教育」及「次等選擇」的教
育（吳清基，1998），所以各國在教育發展過程中，採擇的途徑
多以發展普通高中及大學教育，台灣致力於發展技職教育，成爲
世界上技職教育大國之一，其主要的成因分析如下：

一、先總統　蔣公的指示

先總統　蔣公爲技職教育（職業教育）的拓荒者，使技職教
育成爲：(1)導正「學而優則仕」的科舉觀念；(2)後起職教替代了
家族技能傳授的保守陋習；(3)職業教育躍升爲今日教育主流；(4)
職業教育救貧濟民的要務。（吳祥城，1987）茲將先總統　蔣公

國家必須發展技職教育的重要指示，略舉於後。（國防研究院，
1961）

1. 我在這兩年來失敗之後，檢討所得結果，認為我們最大的失敗，
就是教育和文化。……像生產教育、職業教育與技術教育等，如
果都有整個計畫，都能齊頭並進，那我們也就不致使國家長陷於
此一貧弱之境，以至於今日的敗亡至此。（〈一九五一年教育與革
命建國的關係〉）

2. 我們今後計畫教育，至少應該在職業教育、技術教育上，有一個
合理的重點，合理的比例，那才能逐步達成我們三民主義救國教
育的目的。（〈一九五一年改造教育與變化氣質〉）

3. 教育最急要的，莫過於普遍興辦職業教育和技術教育，使人人皆
能有其一技之長，以從事生產。（〈一九五一年改造教育與變化氣
質〉）

4. 今後的教育制度，應該特別著重職業教育和科學教育，以後不論
是公家增校或私人興學，最好從職業學校、專科學校辦起，使學
生都能一面學、一面做，畢業以後，立即就可以投身社會，服務
人群，成為建設社會、建設國家的基本人才。（一九六五年對全
國大、中、小學資深優良教師教授致詞）

二、美援的協助

按第一期四年經濟計畫，原名為「台灣經濟四年自給自足方
案」，一九五三年七月經濟安定委員會成立後，始核定名稱為「台
灣經濟建設四年計畫」，事實上第一期四年經建計畫實為一申請
美援的計畫，期望運用美援的幫助加強農工建設的進行，求取在
四年內能達到自給自足，不再需要美援的目標（魏萼，1980）。

一九五〇年初期，政府有關部門致力於經濟與工業發展，訂

定政策之時，便感到應先發展技職教育（職業教育），教育計畫項下特別重視職業教育（技職教育），（李國鼎 1985）。一九五二年七月，美國教育總署副署長李德先生（Wagne O. Read）、安全總署教育顧問安德魯斯先生（J. Russed Andrus）和白朗先生（H. Emeett Brown）來台考察我國技職教育（職業教育），建議我國在發展技職教育（職業教育）之初，應先培養職業教育師資。我國政府依此建議，先後在省立師範學院（現為國立台灣師範大學）內設工業教育系及家政教育系，及在省立台中農學院（現為國立中央大學）內設農業教育系。同年，與賓州州立大學進行國際合作計畫，訓練上述各系所需的師資。（楊啓棟，1990）

一九五三年二月教育部依建議召開中美工業職業教育座談，提出全面改革工業職業教育方案，六月更組成工業職業教育視察團，考察全省職業及專科學校，在一九五三年至一九五五年間，先後選擇省立台北高工等 8 校為示範工校，省立桃園農校等 4 校為示範農校，分別予以各項實習設備援助，並引介美國單位行（職）業訓練（T and I training）課程至工業職業學校。台灣地區的職業學校更由於美援支助，使校舍獲得更新，設備獲得充實，學生能習得技能專長，獲得社會一般學生及家長的重視，職業教育獲得實際擴充外，更有助於職業教育形象的提升。（楊啓棟，1990）

美援結束後，中美基金繼續援助技職教育的發展。

三、史丹福大學建議

一九六二年三月至六月間教育部邀請美國史丹福大學經濟研究所所長浦萊特先生（William Platt）、麥楷思博士（Dr. Herry F.

McCusker, Jr.）、湯沐詩教授（Prof. Lawrence Thomas） 暨羅賓遜先生（Harry J. Robinson） 等來台，探求各種方法，以改進教育與訓練方案。（楊啓棟，1990）

一九六四年五月教育部擬訂中華民國教育計畫乙種，為一個長期教育計畫（一九六四年至一九八二年），其中有專章為「職業教育長期計畫」，擬訂為推動教育配合經濟建設社會發展，教育部宜成立職業司，專司培養技術工人，計畫中建議減少初職，增辦高職等建議。（楊啓棟，1990）

四、人力發展小組的規劃及推動

一九六八年一月國際經濟發展委員會人力發展工作小組召開「職業教育與建教合作研討會」中，提出今後職業教育方面，須加速發展，以配合經建基層技術人力的需要，希望在五年內，高級職業學校學生數能與普通高中在數量上自四與六之比，逐漸達到五與五之比，十年之內達到六與四之比。同時在高職結構方面，特別加強工業、水產、海事校擴充，在農業方面調整課程，或改設工科及水產科，商職亦應增加工科並分科施教。（楊啓棟，1973）同年教育部依據上述會議決議，發布停止高中增班，鼓勵高職增班的政策。前述高職與高中規劃比例，到一九七一年時修正為十五年內目標修訂為達到七與三之比。

一九六八年當年人力發展小組建議為將增加高職後，可能產生的升學壓力，提出二年制專科學校制的構想，即後來設立的以建教合作為導向的二年制技藝專科學校。

一九七○年八月舉行全國教育會議，會議中列有「技術教育應有更多彈性，並建立系統直至大學平行」。並確立「技術教育

機構包括職業學校、專科學校及技術學院」。國際經濟發展委員會人力發展工作小組依其決議，經呈准使用專款，邀請美國三位技術教育專家來台，協助規劃設立技術學院事宜。(Huang, 1971)

五、技職教育行政系統的建立

在許多國家或政府組織中，技職教育行政系統存在方式約可分為三種：(1)獨立於教育行政系統外，即主管技職教育的機關與教育部、教育廳平行；(2)合併於普通中學、大學行政系統中，即由同一階層教育主管司、科、室來主管；(3)建立於教育行政系統中，但與普通高中、大學分屬不同的司、科、室。我國技職教育行政系統是極少數的國家，採第三種模式。為國家發展技職教育上重要措施，也是有效導致技職教育能不受普通教育的影響，獲得快速的發展；同時在學歷的認定上，取得認同的地位。其發展經過如下：

1. 一九五五年七月，台灣省教育廳增設第三科，負責掌理省立職業教育事宜及縣市立私立職業教育事宜。(汪知亭，1959)

2. 一九六九年五月教育部正式立「專科職業教育司」，將原本分屬於高等教育司及中等教育司中有關專科及職校的業務，予以集中管理。(教育部技職司，1999)

3. 一九七二年七月教育部專科職業教育司進一步改名為「技術及職業教育司」，簡稱「技職司」。(教育部技職司，1999)

六、技職校院體系的建立

　　台灣地區技職校院的發展，在教育機關機制下，自成完整的體系，亦可視爲台灣地區發展技職教育的一大特色，其發展的過程如下：

(一)「三、三制」高、初級職業學校的建立

　　一九四五年將原有日本統治後遺留下來的招收小學畢業生的五年制職業學校，改制爲「三、三制」高、初級職業學校，(但在一九六四年訂頒五年制高級職業學校設置暫行辦法，先後指定51 所職業學校試辦)。一九六八年因配合九年國教的實施，停辦初職及五年制高職，目前僅留下三年制的高職。

(二)三年制及五年制專科學校的建立

　　一九四八年，創設省立台北工業專科學校（現爲台北科技大學）。一九五三年創設省立海事專科學校。一九五四年將省立台北高級護理助產職業學校改爲省立護理專科學校。同年創設省立農業專科學校。其校制爲三年制招收高中畢業生及五年制招收初（國）中畢業生。一九八九年十一月「改進技職教育制度研究小組」建議廢止三專學制，輔導三專改制爲技術學院。

(三)二年制專科學校的建立

　　一九六八年行政院公布「公私立專科學校試辦二年制實用技藝部辦法」，一九七三年二年制技藝專科學校，一律更名爲二年制專科學校。

（四）技術學院的建立

　　一九七二年十月籌設國立台灣技術學院，一九七四年開設二年制課程招收專科畢業生，畢業時授予學士學位。一九七六年增設四年制課程招收高職畢業生，畢業時亦授予學士學位。一九七九年成立碩士班，一九八三年進一步成立博士班。（註：至此，技術及職業教育體系的發展與普通教育體系，在層次上完全一致，此項技職教育體系中授予博士的制度，可能爲台灣所僅有。）

（五）科技大學的建立

　　一九九七年八月教育部核定台灣技術學院等 5 所技術學院更名爲科技大學。

肆、台灣技職教育的貢獻

一、對經濟建設的貢獻

　　台灣地區的經濟發展自一九五三年開始，即以連續執行經濟計畫的方式，從事經濟發展。在一九五○年代，台灣產業結構以勞力密集產業爲主，技職教育採擴充與改革工、農職業教育的策略，加強技職教育的實作教學，有效培育農、工業發展所需的基層技術人力。在一九六○年代，由於工業發展快速，各項建設需要大量技術人力，此期間技職教育快速發展，爲擴大培育經建所需基層技術人力，不但高級職業學校大量增加，同時也鼓勵私人興學，大量增設專科學校，有效培育經建發展的中級技術及佐理

人員。在一九七〇年代，由於工資低廉的優勢逐漸爲鄰近開發中國家所取代，加上世界能源危機的衝擊，產業發展乃由民生工業，轉變爲資本需求較多、生產技術較高、加工層次較深的工業；因此，勞動市場對人力的需求乃轉向以技術爲主；技職教育除持續擴增教育容量外，並積極改進教學品質、充實實習設備，以培育質量均優的專業技術人力；同時，設置工業技術學院，因應工業升級所導致的技術人力工作領域分化，加速培育高級工程技術及管理人才。在一九八〇年代中期以後，產業結構由過去勞力密集加工業的型態，逐漸轉向技術密集、資本密集及高附加價值產業發展；技職教育開始辦理國中技藝教育，試辦以延長職業教育爲主的國民教育，調整高職設科及課程，全面提升基層技術人力的素質；同時，配合亞太營運中心計畫的人力培訓目標，加強培訓應用外語、金融、運輸、通信、餐旅、資訊、影視等類實務人才；並且擴增技職校院在職進修教育容量，提供在職人員進修機會，以因應產業發展的需要。（吳清基，1998）

二、疏解大學的入學壓力

由於台灣地區的人口，自一九五〇年以後，環境日趨安定，經濟逐漸繁榮，人民的生活日益改善，基於傳統的多子多孫觀念，自然而然地增加了生育願望。同時由於衛生措施進步，醫藥發達，死亡率相對地銳減，因而造成一九五一年人口自然成長率達到38.4％的高峰。此後一直到一九五六年，自然成長率依然保持在 36％以上。（鎮天錫，1982）相對的，在高中畢業生人數方面亦呈現成長的現象，在一九五〇時高中畢業生僅爲 3,523 人，至一九九七年時高達 84,017 人。前述人數如與高職畢業生相比較，在一九

七○年以前，高職畢業生人數少於高中畢業生，但自一九七一年以後，高職畢業生人數增加十分迅速，至一九八八年時，高職畢業生爲高中畢業生的 2.22 倍。進一步分析其升學率，一九八八年時，高中升學率爲 45.53％，高職升學率僅爲 4.57％，高中畢業生的升學率約爲高職的 10 倍。(教育部，1999) 相較之下，如果當年全部爲高中畢業生，則其升學率將降至 20％以下，又如再將五專生亦改讀高中納入統計之中時，高中的升學率將低於 15％，所以技職教育的發展，使國中階段大量的畢業生選擇了職業學校及五年制專科學校就讀，無形中疏解了大量青少年在高中畢業時需要進入大學的入學壓力。

三、滿足社會大眾對學歷的追求

台灣地區技術人力的發展，參酌美國教育體系，採以在教育體系內爲主的發展技職教育，但與美國不同者，爲採與普通教育平行發展的策略，由教育機關認證其學歷的程度。這與許多歐洲國家的技術人力發展途徑不同，由學徒制度演變的職業訓練制度，加上職業證照制度，再以職業證照制度與學歷來相對照承認，造成青少年不願投入學習技術方面的職業，所以歐洲國家在第二次世界大戰後，率先舉辦國際技能競賽等活動，用以吸引青少年學習技術。

台灣地區的職業證照制度是從一九七二年年九月二十日始由內政部公布「技術士技能檢定及發證辦法」，一九七三年七月三十一日始由內政部公布第一個技能檢定規範：冷凍空調裝修工技能檢定規範，由全國職業訓練協會命題，再交由台灣省社會處主辦、台北市社會局協辦該職類的技能檢定工作，爲我國第一個官

方所舉辦的技能檢定職類。一九七四年八月起開始舉辦車床工、鉗工、機械製圖工、電焊工、氣焊工、冷凍空調裝修工等六個職類的技能檢定。至一九九〇年代始大量推動，如與技職教育發展相較，機制運作上落後三、四十年。（楊啓棟，1994）

　　更由於技職教育最高亦授予博士學位，青少年在技職教育體系中繼續求學後，可以取得相當的證書或畢業文憑，除可以就業外，亦可以用以繼續升學至博士學位爲止；也就是說，不必在國中畢業後一定要進入大學，個人也可以經由技職教育管道，獲得適當的發展途徑，亦可滿足其對學歷的追求，以及避免遭到社會上對選讀技職教育的歧視。

四、協助經濟弱勢族群青少年的成長

　　技職教育常被視爲用以協助經濟弱勢族群青少年成長載具（vehicle），但在這方面的研究很少。台灣地區的原住民以一九九八年爲例，學生數就讀於高中爲 2,121 人，高職爲 9,393 人，高職進修補校爲 2,527 人，實用技能班爲 1,064 人，二、三專爲 1,449 人，五專爲 2,808 人，大學僅爲 1,631 人（其中含進入技術學院及科技大學人數不詳），碩士班 18 人。如與當年入學人數相比較，原住民進入高中學生數占其學生數不到 0.7％，進入高職及高職進修補校占其學生數均爲 1.8％，進入實用技能班占其學生數 2.2％。（教育部，1999）由此可見，原住民學生進入技職教育系統的學校人數的比例，較進入高中爲多，特別是選擇實用技能班就讀，因其學費較低、學得一技之長後易於就業等因素所造成，可證明技職教育對經濟弱勢族群青少年的特殊貢獻。

伍、二十一世紀台灣技職教育發展取向的建議

　　台灣地區技職教育的發展與成效，已經普遍受到其他開發中國家的重視與學習，但在二十一世紀的未來，本身應如何更進一步的發展，其成敗將直接或間接的影響到國家及人民的發展。

一、與普通教育分流

　　技職教育與普通教育的合流或者分流，依各國的國情不同及歷史演變的因素，採取不同的作法。現況下只要能夠充分讓國中畢業後，升入技職教育與普通教育系統下的學生能夠互轉，以及保持高職畢業生可報考大學，高中畢業生可報考專科，專科畢業生可插班大學，技術學院及科技大學的畢業生可報考普通大學研究所即可，普通大學畢業生可報考技術學院及科技大學。故今後技職教育的發展乃可循過去與普通教育分途發展的途徑，採分流的原則。但只要能保持像鐵路的設計，到站後能夠轉換路軌，即可滿足現實社會的需要。

二、職業能力本位課程的發展

　　由於科技的發展，技職教育的設系科與課程設計，都不易跟上實際工作世界的發展，一套全新以工作世界為導向的教育，將是技職教育努力的目標，何等整合學校內外的教育體制，將工作

世界能提供的技術、設備、師資、課程及教學場所等，配合職業證照制度，建立起以「職業能力本位」的課程設計。

三、高等技職教育的發展

從美國史丹福大學與矽谷發展的歷史來看，國家投資於高科技教育，將是一項極有利的投資。按科學（science）與科技（technology）是有別的，科技是將科學的發現，應用於人類文明事務中，以改善人類的生存與發展。科教興國實際上應為科技教育興國，所以，二十一世紀國家的發展將視科技教育——即高等技職教育的成果而定。

四、以終身教育為導向的技職階梯教育學制的建立

面臨二十一世紀強調個人需求的滿足、邁向學習社會的時代，今後國家整體教育發展的取向，能讓每一個人能夠：(1)學會認知（learning to know）；(2)學會做事（learning to do）；(3)學會共同生活（learning to live together）；(4)學會發展（learning to be）。（教育部，1998）需要建立一個開放、彈性、專精、多元化的技職教育體系，充分提供青少年職業準備教育、在職人員在職補充及進修教育、高科技時代所需的生活與休閒教育。技職教育應引進階梯教育學制的觀念，用教育與工作輪替的方式，以取代傳統一貫制（一口氣從小學、國中、高中、大學、碩士、博士畢業），達成推展終身教育，建立學習社會的目標。（註：著者提出階梯學制的觀念，在於具有「分段式」及「步步高昇」的理念及作法。）

陸、結　語

　　最後，在此用以提及技職教育受到台灣重視的事情，也許是一種巧合。一九七七年國立台灣師範大學教育研究所培養出來的第一位教育博士李建興先生，曾任教育部政務次長，其博士論文為〈我國技術職業教育投資效益之調查研究〉；現任的（1999）教育部楊朝祥部長是台灣地區歷任的教育部長中，唯一具有技職教育背景的部長，恰好又是畢業於國立台灣師範大學工業教育系及曾協助台灣發展技職教育的美國賓州州立大學技職教育研究所博士，並擔任過技職司司長。在此，可以說明台灣地區的技職教育，不但培育出本世紀台灣經濟發展所需各種、各類技術人才，更培養出一位教育部長。在台灣進入二十一世紀的高科技時代時，技職教育將顯得更為重要。

參考文獻

一、中文部分

中國教育學會（1977），《近五十年來之中國教育》，台北：復興書局。

中國教育學會（1985），《迎接二十一世紀的教育改革》，台北：台灣書店。

台灣省政府教育廳（1955），《十年來的台灣教育》，台北：台灣書店。

吳清基（1998），《技職教育的轉型與發展》，台北：師大書苑。

吳祥城（1987），〈對先總統 蔣公職業教育思想昭示之體認及實踐〉，《工業職業教育》第五卷第九期，頁 10-12。

李國鼎（1985），〈美援技術協助對我國之貢獻〉，載於中美技術合作研究會七十三年年會參加手冊，頁 9-24。

汪知亭（1959），《台灣教育史》，台北：台灣書店。

周談輝（1985），《中國職業教育發展史》，台北：三民書局。

徐南號（1988），《現代化與技職教育演變》，台北：幼獅。

國立教育資料館（1994），《我國教育經費發展現況與評估之研究》，第七次全國教育會議參考資料叢書（九）。

國防研究院（1961），《蔣總統集》，台北：聯合出版中心。

教育部（1968），《中華民國教育統計》。

教育部（1991），《中華民國教育統計》。

教育部（1998），《邁向學習社會白皮書》。

教育部（1999），《中華民國教育統計》。

教育部技術及職業教育司（1998），《八十七學年度公私立技專校院一覽表》。

教育部技術及職業教育司（1999），《中華民國技術及職業教育簡介》。

教育部技職司（1999），〈技職教育的回顧與前瞻〉，教育部技職司成立三十週年特刊。

郭爲藩（1981），《中華民國開國七十年之教育》，台北：廣文書局。

陳之青（1966），《中國教育史》，台北：商務。

楊啓棟（1973），《職業教育與經濟發展》，台北：莘莘出版公司。

楊啓棟（1984），《高科技與技職教育》，台北：三民書局。

楊啓棟（1990），〈中華民國發展職業教育契機之研究〉，《人文學報》第十四期，頁 29-43。

楊啓棟（1994），〈我國工業職業教育對職業訓練發展之影響〉，《教育資料集刊》第十九輯，台北：國立教育資料館，頁 145-160。

臺灣新生報社（1947），《民國三十六年台灣年鑑》，台北：臺灣新生報社。

鎮天錫、尹建中（1982），《人口政策的形成與檢討》，台北：聯經。

魏萼（1980），《揭開台灣經濟發展之謎》，台北：遠景。

二、外文部分

Huang C. J., Kirkpatrick C. V., & Johnson L. V.(1971), *The feasibility study for the establishment of college of technology in the Republic of China*, Taipei: CIECD.

我國健康教育課程的回顧與展望

賴香如、李復惠

壹、前　言

　　教育的目標是為了培養健全的國民,而健全的國民必須擁有健康,才能符合生活需求、發展個人潛能、適應現代社會、完成自我實現,因此健康是一切事物的基礎,而健康教育的學習便是能同時達成健康與教育目標的途徑。

　　在學習的過程中,課程是指有計畫的學習經驗,即學校提供的學科,或此學科所欲達成的知識、情意、技能的目標,所以課程是將課程標準、教學指引、教育目標具體化的內容,也是師生活動的依據,課程如何擬定及設計直接影響到教育的成效。以目前台灣地區的學校系統而言,中、小學階段的課程標準及綱要是由教育部訂定,自民國十一年公布六、三、三、四新學制後,迄今教育部已修訂頒布多次的中、小學課程標準;歷次的課程標準修訂均是因應社會變遷及時代需要,並參酌過去施行得失與他國發展經驗,由專家學者多人規劃而成,目前教育部正積極研擬九年一貫國民教育階段的新課程。

本文以健康教育為主題對過去的課程作一個回顧，希望值此發展新課程之際，能達鑑往的功效，以展望未來的健康教育新趨勢。

貳、國內健康教育課程回顧

一、資料來源

本文所回顧的健康教育課程之科目名稱、教學時數、授課年級、課程綱要等，資料來源乃是出自於國立編譯館教科書資料中心所保存的歷次中小學課程標準之出版品（教育部，民18、民21a、民21b、民25、民31、民37a、民37b、民41a、民41b、民44、民51a、民51b、民57a、民57b、民61、民64、民72、民74、民82、民83）。然因經歷戰爭及政府遷台之故，造成部分資料遺失，因此在歷次的中學課程中出現數次資料不全的現象，以下僅以所查證到的課程標準作為回顧整理的依據。

二、健康教育課程回顧

我國國民小學課程標準自民國十八年頒布「小學課程暫行標準」以來，至民國八十二年計歷經十次修訂，而中學則自民國十一年訂定「新學制初級中學課程」後，至民國八十三年共歷經十四次修訂。其中健康相關課程在小學階段有時獨立設科，有時則未設科、併於他科中，而中學階段則一直是獨立設科，但以不同

的名稱出現。**表一**與**表二**即分別呈現出小學及中學健康相關課程的演變情形。

三、主要發現

由上述健康教育課程的回顧中，可發現幾點值得深思之處：

(一)健康教育相關課程未受到應有的重視

表一顯示國民小學健康教育相關課程的特色是合併，雖然有關健康的課程始終存在，然而其內容卻常併入公民訓練或公民與道德及常識、自然課程中，較少獨立設科。直至民國五十七年、六十四年才單獨存在，但是於民國八十二年又傾向與道德合科。由此可見健康課程有其存在的價值及重要性，但卻未能受到應得的重視。

(二)健康相關課程的教學時數偏低

表二顯示在歷次修訂的國民中學課程標準中，健康相關課程的教學時數占所有科目總教學時數的百分比呈現每況愈下的趨勢，而且所占的比率極低，同時授課的年級也常只在某一學年而非普及每個年級，此種課程安排實在不符合每個人都有健康需求的原則。唯在民國二十一年時曾經出現小學、初中和高中三種學制均安排「衛生」課程，而且於小學及初中階段之每一年級都獨立設科最為特別。此次的課程修訂較合乎理想，可惜其後未能繼續其精神。

(三)健康相關課程宜反應生活所需、符合時代趨勢

綜觀過去的健康教育課程發展，會發現隨著各時期社會情勢

表一　小學健康教育相關課程演變概況

年代	小學課程標準名稱	健康相關課程設置情形及科目名稱	健康相關課程實施每週時間	健康相關課程內容重點
18	小學課程暫行標準	一至六年級併入【社會】		公共衛生部分
		一至六年級併入【自然】		衛生知能部分
21	小學課程標準	一至六年級獨立設置【衛生】	【衛生】每週2節，每節30分鐘	衛生習慣部分 個人的、公眾的衛生知能部分
		一至六年級併入【公民訓練】		關於體格部分──含中國公民是強健的、清潔的、快樂的、活潑的要點
25	修正小學課程標準	一至六年級併入【公民訓練】		關於體格部分──含中國公民是強健的、清潔的、快活的要點
		一至四年級併入【常識】		家庭學校生活部分──含人體生理的認識和保健方法的研究與實踐、社會關係的認識和團體生活的實踐要點
		五、六年級併入【自然】		衛生知能部分──含個人方面、公眾方面要點
31	小學課程修訂標準	一至六年級併入【團體訓練】		訓育部分──含整潔習慣與觀念要點 衛生訓練部分──含各種衛生習慣要點
		一至四年級併入【常識】		關於個人生活部分──含人體生理、日常生活、疾病的預防和醫療要點 關於家庭生活部分──含日常生活要點 關於學校生活部分──含集團生活要點 關於鄉土生活部分──含鄉土生活要點
		五、六年級併入【自然】		生活需要部分──含關於食的要點 衛生知能部分──含生理衛生、預防和急救、公共衛生要點

（續）表一 小學健康教育相關課程演變概況

年代	小學課程標準名稱	健康相關課程設置情形及科目名稱	健康相關課程實施每週時間	健康相關課程內容重點
37	小學課程第二次修訂標準	一至六年級併入【公民訓練】		健康部分 整潔部分 快活部分
		一至四年級併入【常識】		人事部分——含衛生防疫要點
		五、六年級併入【自然】		生活需要部分——含水、空氣，食物的來源營養要點 衛生知能部分——含人體器官的構造功能和保健方法、疾病和營養、急救方法、衛生環境和公共衛生的設施要點
41	國民學校課程標準	一至六年級併入【公民訓練】		與民國37年的課程標準相同
		一至四年級併入【常識】		
		五、六年級併入【自然】		
51	國民學校修訂課程標準	一至六年級併入【公民與道德】		生活規範與衛生習慣部分——含飲食、衣服、居住、行止、讀書遊戲、身體衛生、心理衛生、環境衛生要點
		一、二年級併入【常識】		安全衛生部分
		三至六年級併入【自然】		生理與衛生部分

（續）表一 小學健康教育相關課程演變概況

年代	小學課程標準名稱	健康相關課程設置情形及科目名稱	健康相關課程實施每週時間	健康相關課程內容重點
57	國民小學暫行課程標準	一至六年級獨立設置【健康教育】含【健康教學】與【健康習慣指導】	【健康教學】每週1節，每節30分鐘	含個人衛生（整潔、睡眠、休息、運動、姿勢）、食物與營養、身體的功能、心理衛生、疾病預防、安全與急救、家庭衛生、社區衛生要點
			【健康習慣指導】每週6節，每節5分鐘與【公民與道德】合併	含個人衛生（頭髮的衛生、眼睛的衛生、耳鼻的衛生、牙齒和口腔的衛生、手和腳的衛生、皮膚的衛生、睡眠和休息）、心理衛生（自尊自重、自信互信、快樂活潑、樂觀進取、藝術興趣）、疾病的預防、社區衛生（環境的整潔）要點
64	國民小學課程標準	四至六年級獨立設置【健康教學】	【健康教學】每週1節，每節40分鐘	含健康的身體、健康的心理、營養的食物、安全的生活、疾病的預防、健康的家庭、健康的社區要點
		一至六年級獨立設置【健康指導】	【健康指導】每週6節，每節20分鐘與【生活與倫理】合併	含健康的身體、健康的心理、營養的食物、安全的生活、疾病的預防、健康的家庭、健康的社區要點
82	國民小學課程標準	四至六年級獨立設置【健康】	【健康】每週1節，每節40分鐘	含生長與發育、個人衛生、心理衛生、食物與營養、家庭生活與性教育、安全與急救、疾病的預防、藥物使用與濫用、消費者健康、環境衛生與保育要點
		一至三年級併入【道德與健康】	【道德與健康】每週2節，每節40分鐘【道德】與【健康】合併	含生長與發育、個人衛生、心理衛生、食物與營養、家庭生活與性教育、安全與急救、疾病的預防、藥物使用與濫用、消費者健康、環境衛生與保育要點

表二 中學健康教育相關課程演變概況

年代	中學課程標準名稱	健康相關課程設置情形及科目名稱	健康相關課程實施每週時間	健康相關課程三學年學分數	健康相關課程占總學分數之比率	健康相關課程內容重點
11	新學制初級中學課程	獨立設置【衛生】		4	總學分180中占2.22%	
18	中學課程暫行標準	獨立設置【生理衛生】		4	總學分180中占2.22%	
21	中學課程標準	一至三年級獨立設置【衛生】	每週1小時	6	總學分208中占2.88%	含人體解剖生理及保健、疾病常識、公共衛生要點
25	修正中學課程標準	獨立設置【生理衛生】		2	總學分194中占1.03%	
29	修正中學課程標準	獨立設置【生理及衛生】		8	總學分180中占4.44%	
37	修正中學課程標準	二年級獨立設置【生理及衛生】	每週2小時	4	總學分191中占2.09%	含人體之機構、人體之衛生、心理衛生要點
41	修正中學課程標準	二年級獨立設置【生理及衛生】	每週2小時	4	總學分191中占2.09%	與民國37年的課程標準相同
44	修訂中學教學科目及時數	二年級獨立設置【生理及衛生】	每週2小時	4	總學分176中占2.27%	與民國37年的課程標準相同
51	中學課程標準	二年級獨立設置【生理及衛生】	每週2小時	4	總學分186－202中占2.06%	含人體之機構、人體之衛生、心理衛生要點

（續）表二　中學健康教育相關課程演變概況

年代	中學課程標準名稱	健康相關課程設置情形及科目名稱	健康相關課程實施每週時間	健康相關課程三學年學分數	健康相關課程占總學分數之比率	健康相關課程內容重點
57	國民中學暫行課程標準	一、二年級獨立設置【健康教育】	每週1小時	4	總學分186 - 206中占2.04%	含個人衛生、食物與營養、身體的功能、心理衛生、疾病的預防、安全與急救、家庭衛生、社區衛生要點
61	國民中學課程標準	一年級獨立設置【健康教育】	每週2小時	4	總學分184 - 200中占2.08%	含健康的身體、健康的心理、營養的食物、安全的生活、疾病的預防、健康的家庭、健康的社區要點
72	國民中學課程標準	一年級獨立設置【健康教育】	每週2小時	4	總學分196 - 214中占1.95%	含健康的身體、健康的心理、營養的食物、安全的生活、疾病的預防、健康的家庭、健康的社區要點
74	國民中學課程標準	一年級獨立設置【健康教育】	每週2小時	4	總學分196 - 214中占1.95%	與民國72年的課程標準相同
83	國民中學課程標準	一年級獨立設置【健康教育】	每週2節，每節45分鐘	4	總學分206 - 216中占1.90%	含健康的身體、健康的心理、意外傷害與疾病的預防、環境與健康

註：民國11年、18年、25年、29年課程標準中表格部分空白處即因資料不全而無法列出。

的演變，受重視的健康相關議題也隨之不同。如早期注重傳染性疾病的認識及驅除蚊、蠅、蚤、蝨、鼠的環境改良等重點，隨著時代改變自民國五十七年強調成人病的預防及職業病的預防，民國七十二年開始注意藥物與藥物濫用，民國八十二年出現了心理衛生中的個人行為、壓力問題和家庭生活與性教育中的死亡、離婚、性騷擾，以及消費者健康、保育、體適能等觀念，這些議題出現在健康教育課程中，正是順應時代潮流所致，也顯示了健康教育是不能脫離現實生活的。

(四)某些健康相關課程的內容成效不彰

相對於隨著時代演進而變動的議題，有某些健康相關內容卻是長期存在、一直受到重視但卻成效不彰的，如適當的運動、菸酒的危害、視力保健、口腔衛生等幾乎從民國二十年代便出現在健康教育相關課程中，然而經過了一甲子，今日國人這些方面的健康問題卻仍未見改善。是否課程內容過於教條化而無法落實到行為的改變，抑或教學方式過於呆板而無法提升改變的動機？

(五)健康教育相關課程的內容設計以傳授知識為主

回顧歷次健康教育的課程內容，會發現過去在課程的安排上很盡責的把健康教育當作一種知識，對其作詳盡的介紹。但是這種設計忽略了其實健康是一種習慣與行為，學生學習健康教育的目的並非是要成為一位健康專業人員，而是要使自己的生活更健康！

參、國民教育九年一貫課程中健康教學的新契機

一、國民教育九年一貫課程的特色

　　爲迎接二十一世紀的到來，教育部日前研議中將在九十學年度開始實行之國民教育九年一貫制新課程，姑且不論屆時會以實驗示範性質或全面推展之型態出現（《自由時報》，88.6.18）。本項教育改革的基本理念在於開發學生之潛能與養成有能力的國民。在其總綱中吾人可見到多項不同於現行與舊有課程標準之特點，以下針對幾項加以說明並探究其對國中、小學教育可能造成的衝擊。首先，研議中的新課程將目標明確劃分爲強調增進個人體察（人與自己）、社會互動（人與社會）和生態存續（人與自然）等三方面的目標。亦即在整體生態性概念的引導下，以學生爲核心主體，再和社會與自然環境相結合，達成充實個人生活經驗與技能。

　　第二項特色是明顯揭示國民教育應培養學生十種基本能力。相較之下，可知自民國十一年迄今的中、小課程多數偏重認知和態度等層面，並非以建立學生之特定能力爲導向。學科的價值和能否成爲正式課程一直是國內歷次課程改革時主要的爭論議題（黃政傑，民 78）。此次課程改革的另一項特色是改變往昔以學科或教材爲主之窠臼，代之以學習領域，並期待藉此使得歸屬同一學習領域的各學科能在強制合併後達成統整和聯絡教學之效。

計畫中的語文、健康與體育、社會、藝術與人文、數學、自然與科技、綜合活動等七大學習領域和紐西蘭的新課程架構極為相似（高毓秀、黃奕清，民 88）。

國民教育九年一貫制新課程在總綱中揭櫫為了配合七大學習領域的推展，各校應成立課程發展委員會和各學習領域課程小組。這兩個組織必須在學期開始前，著手規劃和設計教學主題與活動。此點在國內課程改革史上可屬首例，其目的在賦予學校更多的自主權，也冀各校能真正負起課程研發和推展的權責，以提升教育品質。現行和以往的課程則多以教育行政主管機關核定之標準為依歸，不容許各校任意自主。

列出各年級之每週教學節數，將學年總教學節數分為基本教學和彈性教學等兩類，並規定七大學習領域在基本教學節數中所占之節數比率，改變以往明訂各學科授課節數的作法。此一特點讓學校擁有課程安排上的彈性，並可視學校、社區以及實際上的需要，在教學節數上作合理、適度的調整。

二、未來健康教學的新方向與契機

將於下一世紀正式推展的國民教育九年一貫制新課程除了上述的各項特色外，對於健康教學所作之規劃更與往年迥異。由前述對國內健康教育課程的回顧可發現，自民國以來當健康教育未單獨設科時，其相關內容重點常併入常識、自然、公民與道德等科目中，特別是在小學階段。此次課程改革將健康和體育歸併在相同學習領域當為我國教育界的一大創舉，此舉實順應了國際間追求人類健康促進之潮流。紐、澳等國家在邁向國際化的前提下，亦採相同之設計並著手實行其國家跨世紀的新課程（高毓秀、黃

奕清，民 88；洪久賢、蔡長豔、王麗菱、吳亦麗，民 87）。紐西蘭在一九九三年進行課程改革，當時研提之課程架構已將衛生與體育課程合併，並預定於二○○一年全面實施一至十年級之新課程。澳洲則在一九八九年全力進行教育改革，強調能力導向，健康與體育被列爲八大學習領域之一。

　　此際有關新課程「健康與體育」學習領域之研究與設計工作尚未完竣，教育部並未正式公布新課程綱要。但根據其在六月間所提出之草案可略窺未來趨向（教育部，民 88）。健康與體育學習領域預定包括七大主題軸，每一主題軸下各有三至五項之主要內涵。另將九個年級區分爲國小一至三年級、國小四至六年級和國中一至三年級等三個學習階段，並在各主題軸內針對三個不同學習階段分別提出所須具備的能力指標。另一方面，如依據新課程規劃之原則，日後健康教學將於一至九年級授課，而每學年教學節數爲一至三節。此一趨勢將改善日前健康教育教學節數偏低、以傳授知識爲主的窘態，而利於落實以健康行爲建立爲重點之課程。

　　由前面之回顧整理，不難發現我國健康教育課程架構在民國二十一年時即具雛型，其後的五、六十年間雖經多次課程修訂，但在內容、議題等層面上的變化並不大。顯示半世紀以來，國內健康教育課程主要採內容設計和概念設計型式，但因授課年級和時數受限，故無法力求突破。同時也反應出上述兩種課程設計型式雖具綜合性、易實行和全國一致等優勢，卻無法避免健康資訊和事實以等比級數方式增加，和教師對健康教學缺乏完整概念模式等相對弊端（Bender, Neutens, Skonie-Hardin & Sorohan, 1997）。根據新課程目標，未來健康教學宜將取向由健康知識的傳授轉爲學生健康能力的培養，如此一來不僅能建立學生之健康習慣和行

為，朝全人安適（total well-being）的願景邁進。另一方面，亦助於達成世界衛生組織自一九七〇年代即呼籲的全人類健康促進的使命。

美國教育界在本世紀中、後期也曾陸續進行了多次的課程改革，而每次改革所重視的焦點不同。一九五〇年代強調學生之基本能力，一九六〇時期則是以知識為中心的課程，一九七〇又轉變為人文主義課程，到了一九八〇課程改革又回復至重視基本能力的培養（黃政傑，民78）。Lohrmann（1993）和 Pollock（1987）在整理相關文獻後，歸納出五種美國傳統健康教育課程設計模式：身體系統設計（body system design）、健康問題設計（health problem design）、健康內容設計（health content design）、健康主題設計（health topic design）和健康概念設計（health concept design）。近年因鑑於學習者需求的改變，現行之美國健康教育課程著重於讓學生獲得問題解決、作決定、批判性思考、溝通、聽寫和數理等一般性能力，並冀待國民在接受了義務教育後能成為負責任的家庭成員和市民。

一九九五年美國更由多個學術團體共同組成全國健康教育標準聯合委員會（the Joint Committee on National Health Education Standards） 研訂全國健康教育七項標準，作為各地推動健康教育課程的準則。另外，依幼稚園至四年級、五至八年級和九至十一年級等三個階段設定階段目標，並以造就具健康素養國民為最終目標。在報告書中也指出，一個具備下列四項基本特質的人就是擁有健康素養的人：批判性思考者和問題解決者（critical thinker and problem solver）、負責任和有生產力的市民（responsible, productive citizen）、自我導向的學習者（self-directed learner）、有效的溝通者（effective communicator）。以下條列出該委員會所研

訂之七項健康教育目標，供國中、小健康教育教師編輯或選擇教材、教學和評量上的參考：

1. 學生能理解與健康促進和疾病預防的概念。
2. 學生能表現出獲取有效健康資訊和促進健康之產品和服務的能力。
3. 學生能表現出實踐健康提升行為和降低健康危險的能力。
4. 學生能分析文化、媒體、科技和其他因素對健康的影響。
5. 學生能表現出運用人際溝通技術以提升健康的能力。
6. 學生能表現出目標設定和作決定之技術以提升健康的能力。
7. 學生能表現出倡導個人、家庭和社區健康的能力。(American Cancer Society, 1995)

肆、學校和健康教學教師的因應

前面提及未來九年一貫課程的特色之一是學校的彈性與自主權增加，學校因之將成為課程改革中心，教師也由被動角色轉為主動參與者。此一作法符合課程改革的基層模式，亦稱為學校課程發展。黃政傑（民 78 ）認為學校課程發展模式有多項優點：

1. 決策分權化，教師有發展課程的自主權。
2. 教師研發之課程通常較符合學生需求。
3. 能充分利用學校社區之各種資源。
4. 教師因受重視，改革的熱誠和動機會提高。
5. 教師本身即為課程的研發和執行者，可免除錯誤解釋他人

課程的現象。

6.教師在發展課程時，增強了相關知識、技能，並引發態度和行為的改變。

　　據此，如學校課程發展的功能確實發揮，對課程革新目標的實現助益卓著。惟傳統上，我國的中、小學課程改革多採由上而下的行政模式，而國人也早已習於此一模式。此番劃時代的課程變革，台灣的中、小學教育體系能否適應，將是九年一貫制國民教育課程成敗的關鍵。可預期的是當新課程付予行動時，學校本身和教師群體將是整個改革過程中受到較大衝擊的主體。以下分別針對學校和目前或將來可能投身於國中、小「健康與體育」學習領域的工作者提出幾點建議以作為因應之參考。

一、學校方面

　　新課程在總綱中述及各校應成立課程發展委員會及各學習領域課程小組，前者並須負有審查全校各年級課程計畫的職責。為確保教學品質，學校當局在籌組課程發展委員會時須採謹慎之態度，延攬合適之行政人員、學習領域、家長與社區代表。

　　協助學生建立健康行為乃健康教學主要目的之一，但健康行為和習慣需要在學校、家庭和社區各種條件的完全配合之下，才能具體的表露出來，因此學校社區的相關政策和環境都應當妥善規劃。學校本身應成為教職員工和學生健康生活、學習和工作的場所，除提供健康知識，培養健康相關技能，提供練習的機會外，在學生表現出正向行為時更需給予適時、適切的支持與增強。另一方面，學校應主動結合家庭和社區，建立良性的合作關係。當

學生回到家中或社區時，除本身表現並珍視健康行為外，更將鼓勵周遭的人共同實踐，健康行為進而成為社區規範。另一方面，對於健康教學設計與學習成果評鑑，學校也當思索如何擺脫往昔以評量知識為主的紙筆測驗型式，多採觀察、記錄等方法以確實評估課程的利與弊，適時地改進。

二、健康教育老師方面

現職與職前健康教育教師應如何因應新課程的衝擊？教師可能因培訓過程或任教經驗與新課程改革的方向不同，因此重新調整個人觀念和加強適應努力勢必更為明顯。

根據美國健康教育名詞聯合委員會（Joint Committee on Health Education Terminology, 1990），健康教學是一連續的學習過程，它使得人們自願地作決定，改變行為和改善社會條件，以利提升個體本身和社會整體的健康。由此看來，健康教學直接或間接地與學生和社會健康息息相關。Bender 等人（1997）更指出，欲達成一項有效的健康教學，老師應努力完成下列前提條件：

1.具有適當的職前和在職衛生教育訓練。
2.設計課程時，必須清楚瞭解學習者的發展任務，以及這些任務與年輕人之需求、興趣和成熟度的關係。
3.必須洞識健康行為的基礎，以利設計和執行教育計畫。
4.具有執行多種行為建立技術和有效行為改變策略的能力。
5.有發展概念的能力。
6.有建構可實現之結果的能力。
7.具有實行教學評量的能力。

真正進行健康教學時，我國教育部（民 86）也提示數項原則作為教師的參考。例如，教學內容應與生活相結合、隨時觀察學生行為和態度表現、教材應適合學生之個別差異等。健康教育教師對上述教學前提、原則應謹慎思慮，並作為個人充實、發展、執行教學活動等之指引。

　　為順應將至的課程革新，教育主管機關已研議十多項師資培育的配合措施，期使新課程的推動更易見績效。為求自我充實健康教育，教師應把握並珍惜各項研習之機會，加強自我健康行為和體適能等方面之新知。另一方面，在學校內可加強相同學習領域教師間的結合，採取合作協調方式以發揮團隊功能，達成統整教學之效。

伍、結　語

　　課程研究專家認為課程必須不斷的發展和改革，以反映社會的生活和時代的特徵。狹義的課程改革僅限於教學方面的變化，廣義來看應含括學校大環境的配合，不論是校長的領導方式、教師的思維、學生的學習態度以及家長的合作意願均需加以考量。為了引導國民邁向新紀元，教育部研擬中的國民教育九年一貫課程冀望創造一個多贏的課程革新策略，透過學校自主和校園軟硬體的配合以培養具備十項基本能力的現代國民。此一理念和世界衛生組織在近年內積極推動之全球健康促進學校計畫（Global Health Promoting School Program）倡導經由校園環境改善、政策提倡等策略增進學童之健康，並使個人具有生活技能的概念具有異曲同工之妙（World Health Organization, 1998）。

學生的健康不僅關乎其個人的生活，家庭、社區的蓬勃發展也奠基於此。據此，健康教育課程的革新需要所有與國中、小健康教學相關的人士共同深思學生的發展特性、需求、興趣以及既有的能力和經驗，再據以研發適性的課程。新課程對教育界帶來衝擊，也帶來新希望，吾人期待「健康與體育」學習領域將引領下一代走向更具品質的健康生活。

參考文獻

一、中文部分

《自由時報》（88.6.18），〈九年一貫制，實施時程生變〉。

高毓秀、黃奕清（民 88），〈紐西蘭學校健康教育課程之變遷與現況〉，《學校衛生》，34:33-48。

洪久賢、蔡長豔、王麗菱、吳亦麗（87），〈澳洲中小學家政課程改革之研究〉，《中華家政學刊》，27：4-25。

教育部編印（民 18），《小學課程暫行標準》，台北：教育部。

教育部編印（民 21a），《小學課程標準》，台北：教育部。

教育部編印（民 21b），《中學課程標準》，台北：教育部。

教育部編印（民 25），《修正小學課程標準》，台北：教育部。

教育部編印（民 31），《小學課程標準》，台北：教育部。

教育部編印（民 37a），《小學課程第二次修訂標準》，台北：教育部。

教育部編印（民 37b），《修正中學課程標準》，台北：教育部。

教育部編印（民 41a），《國民學校課程標準》，台北：教育部。

教育部編印（民 41b），《修正中學課程標準》，台北：教育部。

教育部編印（民 44），《修正中學教學科目及時數》，台北：教育部。

教育部編印（民 51a），《國民學校修訂課程標準》，台北：教育部。

教育部編印（民 51b），《中學課程標準》，台北：教育部。

教育部編印（民 57a），《國民小學暫行課程標準》，台北：教育部。

教育部編印（民 57b），《國民中學暫行課程標準》，台北：教育部。

教育部編印（民 61），《國民中學課程標準》，台北：教育部。

教育部編印（民 64），《國民小學課程標準》，台北：教育部。

教育部編印（民 72），《國民中學課程標準》，台北：教育部。

教育部編印（民 74），《國民中學課程標準》，台北：教育部。

教育部編印（民 82），《國民小學課程標準》，台北：教育部。

教育部編印（民 83），《國民中學課程標準》，台北：教育部。

教育部編印（民 86），《學校衛生工作指引》，台北：教育部。

教育部編印（民 88），國民教育九年一貫課程綱要（草案）：健康
　　與體育學習領域，台北：教育部。

黃政傑（民 78），《課程改革》，台北：漢文書店。

二、外文部分

American Cancer Society. (1995). *National health education standards: Achieving health literacy.* Atlanta, GA: The Society.

Bender, S. J., Neutens, J. J., Skonie-Hardin, S. & Sorohan, W. D. (1997). *Teaching health sciences: Elementary and middle schools*, Jones and Bartlett Publishers, Inc.

Joint Committee on Health Education Terminology. 1990). *Report of 1990 joint committee on health education terminology. Journal of Health Education*, 22(3): 173-184.

Lohrmann, D. K. (1993). Overview on Curriculum Design and Implementation. In B.S. Saton and L. Olsen, eds. *Health education: Teacher resource handbook.* New York: Kraus International Publications,

Pollack, M. (1987). *Planning and implementing health education in schools.* California: Mayfield.

World Health Organization. (1998). What is a Health Promoting
    School: Global School Health Initiative.
    http://www.who.int/hpr/school/what.html (September 3, 1998).

課程與教學領域的分與合：
美國經驗

單文經

壹、前　言

　　國內課程與教學領域的學者黃政傑（民 80）曾經指出，「課
程與教學兩個概念，經常被擺在一起，也經常引起混淆」（p.91）。
又說：「課程與教學是一體的兩面，從那個角度看那個角度便可
成為主體，讓其他角度附著。」（p.92）。筆者十分同意此一說法，
一向以為課程與教學（curriculum and instruction）二者，應該是
密切相連，統整在一起的二個概念。

　　從學術領域的劃分而言，無論在國內外，課程與教學也經常
被放在一起連用，而視其為一個學術研究領域。國外許多大學的
教育院系之下，早即設有課程與教學系組；我國的大學，或專設
課程與教學研究所，或在教育學系之下，設有課程與教學系組。
民國八十五年，行政院國家科學委員會委託陳伯璋教授主持一項
名為「教育學門內容規劃」的專題研究，即將「課程與教學」與
「研究方法與理論」、「教育行政」、「教育制度」、「教育心理與輔
導」、「測驗與評量」、「特殊教育」、「師範教育」並列為教育學門

之下的八個領域之一（陳伯璋，民 85）。這樣的作法更肯定了「課程與教學」被認可為教育學門中一個重要的學術研究領域。

不過，我們發現，在有意或無意之中，「課程與教學」似乎又被劃分為「課程」和「教學」二個研究領域：認為「課程」研究的是「教什麼」的問題，而與「教學」作分別的考慮；在規劃研究的方向，也常將「課程」和「教學」當作二個不同的領域。這樣將「課程」和「教學」分立的作法，是否適當，一直是作者關心的問題。

本文旨在分析美國課程與教學方面的重要文獻，以便說明「課程」和「教學」二個領域由合而分的歷史脈絡，並且探討其利弊得失，以為參考。

貳、課程與教學領域由合而分

一、進步教育思潮下的整全觀

杜威在《民主與教育》（*Democracy and education*, 1916）及《教育科學的來源》（*The sources of a science of education*, 1929）二書中，皆指陳課程與教學二者，乃是密切不可分立的；二者的分立，會導致內容和方法的二元論，而造成學生「零碎而不連續的學習結果」（Dewey, 1929, p.62），因此，是一種「教育之惡」（Dewey, 1916, p.168）。

在此種整全教育思潮的影響之下，自一九二〇年代末期至一九五〇年代末期，美國的教育學界一直把課程和教學統整在一起，

認爲二者應該是統整的建構。在這三十年當中，教育專業方面的教科書，以及各種相關的文獻，也都支持這種整全論的說法。這種爲眾所接受的課程觀點，對於當時中小學教學現場採取統整的觀點、把學生當作統整的學習者、且強調學習經驗的作法有所影響。當時，課程一詞所涵蓋的範圍十分廣泛，包括了課程與教學二詞。

這種統整的觀點，主張以廣義方式來看待課程，視計畫與實施爲一體，將教師描述成爲專業的課程發展者，並且以「問題索解」(problem-solving) 的方式來建構課程，務期全面掌握教育情境的精髓，將學習者的需求、民主社會的要求以及學科專家的建議等加以統整。在這樣的背景之下，普通教育或通識教育的理念受到特別的注意；全體國民不論其個別的差異、或是興趣如何，皆必須接受統整的教育，以便爲國民之間的共同理解、相互尊重以及相互對話，奠定深厚的基礎。

不過，這種整全的課程觀，逐漸受到課程與教學二元論的挑戰，到了後來，二元論逐漸取代了整全論，不只在文獻上如此，在中小學的現場亦復如此。從此，課程與教學的概念又回到進步主義思潮興盛之前，將課程視爲與教學二分的概念。

二、課程學者對整全觀的挑戰

在一九五○年代末期，課程與教學整全觀，先是受到來自課程領域學者的挑戰。早自一九五六年，Beauchamp (1956) 即呼籲內容與方法應加以區分 (distinction)。一九六三年，Macdonald (1963) 亦主張，課程與教學應加以區分。一九六七年，Johnson (1967) 則主張，課程與教學應加以分立 (separation)。因爲概

念的廓清與實務的進展，而使這些呼籲和主張，得到許多學者的呼應。

　　自從一九六○年代早期，直到一九七○年代末期，文獻充滿了課程學者對於課程概念定義的爭論。依據 MacDonald（1963）的說法，課程應該是指計畫，而教學則是指計畫的運作。Johnson（1967）認為課程指的是結果，而教學則指的是手段。Westbury和 Steimer（1971）則認為課程應與教學分立，課程應界定為目標，而教學則為過程。Broudy、Smitn 和 Burnett（1964）則視課程為教材，而視教學為方法。

三、教學理論與技術漸受重視

　　二次世界大戰之後，美國政府所推動的各種訓練方案，使得許多以學習歷程為研究重點的大學心理學系，開始重視教學的設計（instructional design）。Skinner（1953, 1968, 1971）、Gagné（1965, 1977）及 Bloom（1976）等人，將焦點放在行為論者的學習觀。這些文獻對於教學設計領域的興起，有很大的影響。有些學者的研究焦點在學生如何學習，另外的學者則對於教師的教學行為比較重視。學習與教學兩個領域的組合，成為一九六○年代、一九七○年代和一九八○年代，若干教育學術團體辦理活動的重要影響力量。

　　一九六三年，Bruner 在《教育領導》（*Educational Leadership*）月刊上提出了教學理論的案例（Bruner, 1963）。同年，由美國教育學會（National Education Association, NEA）主辦的「教學研討會」（Conference on Instruction）帶領該組織的教學專案計畫（Project on Instruction）。美國視導與課程發展學會（Association for

Supervision and Curriculum Development, ASCD）緊跟在後，成立了「教學委員會」（Commission on Instruction, 1964-67）。Bruner（1966）出版的《邁向教學的理論》（*Toward a theory of Instruction*）一書，為教學理論的發展立下了里程碑。接著，美國視導與課程發展學會則贊助出版了 MacDonald 和 Leeper's 的《教學理論》（*Theories of Instruction*, 1965），以及《教學理論的規準》（*Crieria for an Instructional theory*, 1968）二書。一九六七年，ERIC 用以協助讀者查詢而設的關鍵詞，將課程界定為「預期的學習結果」（intended learning outcomes），而將教學界定為「執行的過程」（the implementation process）。

在一九六八至七○年之間，若干知名的大學以 Gagné & Skinner 的研究為基礎研發了好幾項個別化教學系統的專案。在一九六八至七二年之間，美國刮起一陣重視「績效」（accountability）的風潮，而教師的績效乃是以學生在標準化測驗上的成績表現為據。至於課程，則多被視為目標；教學的績效以課程目標達成的程度，也就是測驗上所獲得的分數為據。

一九七二年，美國教育研究學會（American Educational Research Association, AERA）的大會，以教學的理論為大會的主題。第三版的《教育辭書》（*Dictionary of Education*, 1973），首度將教學（instruction）和教師的教學行動（teaching）二者，作了一番區分。Hosford（1973）出版了《教學理論：一個開始》（*An Instructional Theory: A Beginning*）。四年之後，Briggs（1977）出版了《教學設計》（*Instructional Design*）一書。

當新興教學領域，和學科結構與學生中心等革新的教育作法受到注意的同時，課程領域的影響似乎有減弱的頃向。美國教育研究學會的年刊《教育研究概覽》（*Review of Educational*

Research），自一九三一年起，每三年即會有一年的年刊，以課程領域爲主題。但是，自從一九七○年起，即將課程領域的主題刪除，使得課程領域喪失了一個發表的園地。

美國教育研究學會在一九六三年，曾經贊助出版了一部《教學研究大全》（*Handbook of Research on Teaching*）的第一版。該書側重教學與學習互動的研究，而將其與課程和學習的結果有所區分。《教學研究大全》的第二冊（1973）亦復如此，不見任何課程方面的章節。此後，教育學門的文獻即充滿著以教學研究爲核心的概覽和評論，例如 Dunkin & Buddle（1974），Peterson & Walberg（1979），Good & Brophy（1973, 1984），Good, Biddle & Brophy（1975），Brophy & Evertson（1976），Gage（1978）。

自從一九六五年以後，視導的領域也逐漸不重視課程的視導，而將重心放在教學的行動。早自一九五○年代，受哈佛大學的教學碩士（Harvard Master of Teaching）學程的影響，發展出一種新的視導形式——臨床視導；其中以 Goldhammer et al.（1969），Cogan（1973），以及 Mosher 和 Purpel（1972）等爲此項視導方式的主要提倡者。我們可以清楚地看出，他們的作法主要是藉著視導人員和受視導的教師之間，在教學觀察之前和之後的會商，來改進教學的品質。此種作法配合教學研究的增多，使得教學的技術受到特別的重視，相形之下，教學的內容或教材即不再受到應有的注意。

同時，與教什麼和爲什麼教某些內容等相關的問題，即被認爲是班級教學現場之外的人，特別是負有政策決定責任的人所應關心的事項；教師和視導人員只須關心教學的行動即可。這種以「生產－效率」爲導向的學校教育模式，使得課程被認爲是和州的教育指令有關的事項，而教師的責任則是遵照這些教育指令進

行教學。

四、課程與教學領域漸行漸遠

　　一九六二年，美國教育部之下的教育政策委員會（Educational
Policies Commission）撤除之後，在教育決策方面的領導，形成
了一段真空的時期，使得課程論題又消失了一塊地盤。更有進者，
在這段時間內，行政人員自美國教育協會有關集體協商的爭論中
撤出。教育實務工作者又依其教育的專長，各自聚集於其所屬的
專業團體，互不聯絡。較大型的教育專業團體，亦紛紛依其專長
領域，作了更細的劃分。例如，美國教育研究學會即在一九六○
年代，分設有課程研究和教學與學習二個分組。

　　因爲沒有一個強而有力的教育組織或是政策決定的團體來領
導，教育學門就變成政府、企業、基金會和各大學機關團體等，
都可以逕行發表意見的園地。從歷史演進的觀點來看，這些團體
各有其不同的立場，甚至彼此代表相互衝突的利益，因而在對於
教育改革的走向，也各有不同的主張，甚至相互矛盾。從一九五
○年代末期至從一九六○年代早期的學科結構改革起，美國歷經
了從一九七○年代早期的學習者中心的改革，一九七○年代末期
至一九八○年代早期的「回歸基本學科」（back-to-basics）改革，
以至於八○年代末期以來追求卓越的改革。從課程領域的觀點來
看，這些改革的焦點，或重視其教材層面，或重視其學習者層面，
或重視其社會需求的層面，不一而足。唯將課程與教學視爲二元
分立的領域，則持續未變。

參、目前的情況：課程與教學分立

目前美國的情況是，教學的領域透過專業發展（staff development）和臨床視導，對於教育實務工作有重大的影響；而課程的論題在這方面的實務，並未發生應有的影響。課程被化約而成為教科書、教材、科目、標準測驗的分數，甚至於被一些全國性教育改革委員會化約為課程的標準，或是州政府對學生要求的必修學分；這些化約的作法，對於中小學現場帶來的影響並未受到應有的注意。這兩項作法——教學的改進和課程的革新，似乎各自獨立，而未有任何聯絡。

許多著名的學者指出，心理學（特別是行為論）對於教育有相當大的影響。但是，這也可能被視為課程與教學二元論的結果。因為心理學強調可觀察的行動，學生的學習行為以及教師的教學行為，就成了教育的焦點。換句話說，教學或方法變成了教育學界的重心。研究文獻的概覽也證實了教育學界在這些方面累積了大量的研究成果。不過，這些研究對於「應該教什麼」這樣的問題，並未提出任何的解答。人文與社會科學學界也並未對於教育的內容與教材，給予相同的注意。心理學主宰了教育的研究議題，也因而主導了課程與教學的分立。

受到行為論研究的影響，各種不同的教學方式，紛紛出爐，例如，編序學習、教學機、電腦化教學、個別化教學制度等。這些個別化的教學系統，把焦點集中在許多細小的、循序漸進的步驟，以便使學習者嫻熟某個題材，或是精熟某項技巧；學習的結果則是以標準化測驗的成績來評量。

在一九八二年版的《教育研究百科全書》（*Encyclopedia of Educational Research*）之中，源自二次世界大戰後訓練方案的教學設計領域，受到了認可（Mitzel, 1982）。於是，課程變成了由教學專家所發展出的套裝教材；這些套裝教材再由教師們傳遞給學生，同時要求學生精熟細步的技巧，並且以這些細步來管制其學習的進程。因爲教材都是由專家準備的，所以，若是學生的學習效果不佳，責任在教師或學生身上；班級的經營與管理也因而成爲重點。不過，在這種情況之下，學生的興趣易遭致漠視，而教師的才智也難以發揮。

如此作法的後果之一，是教師效能（teacher effectiveness）的研究受到重視；教師效能所強調的純粹是教學行爲的本身，而以學生在標準化成就測驗上的得分爲效標。這些資訊若只是用來作爲教師改進其教學的行動之依據，則還說得過去。不過，如果這些資訊變成了視導行動的主要根據，那就會產生偏差。常見中小學的校長，在臨床視導的情況之下，將整個評鑑的制度放在這種實徵性的評鑑過程之上。如此強調技術層面的作法，使得課程與教學的分立，更形惡化。

不幸的是，這樣的觀點，使得實務工作的範圍縮小，而且又框限了創新觀念與材料的應用。在這種制度之下，對於教師而言，最安全的作法就是依循視導的標準，採取可以觀察與衡量的直接教學方式（direct instruction），並且追求高分的成績；至於重視推理、刺激創意與引發思考的間接教學（indirect instruction），因爲難以保證學生在標準化成就測驗上的高分，而遭致教師的摒棄。在這樣的制度之下，我們實在不需要受過完整教育、具有創意的人來從事教職，而只要找一些照章行事、快樂的順從者，即已足夠。

另外一方面，有少數的教育研究者仍然不斷從較爲整全的、能考慮實際狀況、且能注意到整個社會文化生態的觀點，來思考學校和班級生活世界內所發生的各種現象；例如，Jackson 的《課堂生活》（ *Life in classrooms*, 1968 ），Sarason 的《學校的文化和變革的問題》（ *The culture of the school and the problem of change*, 1972, 1982 ），Eggleston 的《學校的生態》（ *The ecology of the school*, 1977 ），Rutter 的《一千五百個小時：中等學校及其對學生的影響》（ *Fifteen thousand hours: Secondary schools and their effects on children*, 1979 ），以及 Goodlad 的《一個名爲學校的地方》（ *A place called school*, 1984 ）等書，即是最佳的佐證。

　　至於以教科書、教學的方案、教材檔案等呈現方式，傳輸給學生的教材內容，有什麼樣的發展呢？誰來決定可以用哪些教材呢？教育的目的是否被化約成行爲取向的目標，而且被用來提高標準測驗的分數呢？美國的各州和聯邦政府有逐漸將教育當作政治工具的趨勢；因而教育的目的和教育的內容，也有逐漸被當作政治運作的質押物品一般，由學校和班級教學現場的人們宰制著。

　　此外，大學結構也日漸朝向學科的專門化，以至於使得課程和教學分立，也使得課程和視導分立。這樣的專門化也使得課程與教學的二元論日漸惡化。

　　關於學校改革的各種報告書，也對於課程與教學的二元論，產生了推波助瀾的效用，因爲改革的焦點似乎都放在課程之上。對於學校教育的批判多以過去學生學習的科目出了問題，因而主張學生應該修習更多的課程，而且學生應該更用功些。不過，卻因爲太過強調瑣碎的知識之累積，而使得智能的發展淪落成了狹隘的記誦之學，更忽略了通識的養成。學校裡的教師也被要求以

知識的灌輸或教學為重，而輕忽了人格智慧的培育。

　　此外，我們也看到許多學者，以其學術上的潔癖，要求將課程與教學二詞，加以澄清。雖然這樣的分立，有助於理論的形成；但是，卻與實務世界的狀況不相符合。

肆、課程與教學分立的後果：教師課程自主遭致斲喪

　　這種課程與教學的二元論，帶來了怎麼樣的影響？首先，我們要看，課程是怎麼決定的？如果課程是在與教育現況相悖離的情況之下決定的，那麼，課程就會被當作一項必須加以遵守的文件，而不只是一項教學實務的指引。在這種情況之下，教師必須接受在職訓練，才不會扭曲課程的意義。那麼，到底是誰應該對教育的改進負責呢？課程發展者會責怪教師不遵循課程的文件，而教師則責怪課程發展者所制定的課程文件太差，或者，二者都可以把責任推卸，怪罪於二者之間的溝通差距。

　　於是，在課程與教學的二元論之下，教師被當作是教書匠，或者教書技工，只是依循著課程文件照樣畫符，對於課程目標只有選擇權，而無決定權。這樣的二元論，使得「教育秘笈或食譜」（educational recipes）大行其道，使得教學的進行失去了統整性與連續性，而顯得零碎獨立。換句話說，目的和手段分立。教師和視導者負責教學，而課程則變得只是教科書書商和政策制定者的職掌。於是，課程目標和教材的設計，日趨瑣碎。

　　因此，我們要問：課程的發展到底是要受到政治的擺佈，還是要回應教育情境的需求？理論與研究是否應成為決策的來源，

或是可資依循的規則？班級教學現場的教師所扮演的角色是決策者，抑或是教書匠？

教育學門的研究已經變得狹隘而專門化，講求統整與情境化的研究不受重視。然而，班級教學現場的教師還是得面對統整的學生和外在的世界，以及具有統整性質的學習。更複雜的是，研究者的研究還是得依靠班級教學現場的教師協助，才可能完成。

不過，即使任務複雜，我們仍然未能為班級教學現場的教師，提供好的環境與酬償，反而採取一些足以阻撓與埋藏教師自尊和美意的作法。我們投注了數以千百萬計的經費，企圖改善教學的輔助設備，我們試著闡明教學評鑑的系統，企圖要求教師能正確無誤進行教學，我們把教師決定教學內容的機會加以剝奪，我們在學生分數降低時責怪教師努力不夠。更重要的是，我們要檢討：我們是否對教師的才智有所質疑，認為他們不足以勝任教學工作？

的確，無論是學科改革或是教學內容適切性的改革，教師都被排除在課程決定的歷程之外。就前者而言，批評者以為教師的能力不足，因而無法建構課程。就後者而言，教師被當作使出渾身解數以滿足學生興趣的小丑。此二者皆太過極端。班級教學現場的運作，實際上應該是此二者的折衷。不過，只是取得妥協，並不是辦法。

課程與教學二元論也反映在師資培育的作法上。霍姆斯小組（Holmes Group）和紐澤西等州的變通教師認證（New Jersey Alternative Certification）的作法（單文經，民 81），都是先言及教材知識，然後才談到教學的方法，就是最佳的證明。

我們應當注意：一旦教師的角色被化約成為教學的執行者，教學工作所帶來的挑戰和酬償也就降低，而會使得教學變成一項

單調乏味的工作。若是學習也變成了只是機械化的練習，那麼外在的酬償和代幣制，就成爲使得教師和學生忙碌的必備手法。

　　不幸的是，政策制定者、教師和學者之間，似乎彼此相互埋怨：政策制定者認爲教師缺乏能力，教師認爲政策制定者不公平，而學者則認爲政策制定者和教師都不用心。

伍、結　論

　　如果課程被認爲是一套科目或是教材的組合，就沒有必要把學生的興趣、活動、目標或是方法，加以考慮。不過，這些對於學生的學習動機以及勤勉的學習，都很有助益，因而確實有必要加以費心的安排。

　　持續已久的課程與教學二元論，主要是由於教學方面的研究及教學科技大受重視等原因所導致。這些研究把重點放在師生的語文互動，而把教材和學生的成長擱在一旁。此一二元論的作法，把課程學者抽離了實質的問題：課程被視爲教學的內容，也被當作過程。此種二元論使得課程支離破碎，而且使得課程脫離了學習者的生活經驗，變得遙遠疏離。

　　我們必須採取統整的與實踐的方式來看待課程的問題。這種方式所突顯的派典，代表了此一領域的識見和潛能，也展現其揭露問題與解決問題的可能。這樣的方式應該採取綜合的取向。此一課程派典代表了課程發展的各個層面，都不可偏廢：目標的決定、內容的選擇、方法的運用、成果的評估等，皆應受到重視。這樣的作法，應當能選取最有價值的知識，也能反映出重要的哲學、社會和心理各方面統整的考慮。

參考書目

一、中文部分

陳伯璋（民 85），〈教育學門內容規劃之研究〉，行政院國家科學委員會專題研究計畫成果報告。

單文經（民 81），〈簡介三個「美國師資培育的變通學程」〉，《台灣教育》，496 期，頁 27-34。

二、外文部分

Beauchamp, G. A. (1956). *Planning the elementary school curriculum*. New York, NY: Allyn & Bacon.

Bloom, B. S. (1976). *Human characteristics and school learning*. New York : McGraw-Hill.

Briggs, L. (1977). (Ed.). *Instructional design: Principles and applications*. Englewood Cliffs, NJ: Educational Technology Publications.

Brophy, J., Smith, B., & Burnett, J. R. (1964). *Democracy and experience in American secondary education: A study in curriculum theory.* Chicago, IL: Rand McNally.

Bruner, J. S. (1963). Needed: A theory of instruction. *Educational Leadership*, 20 (May), 523-?.

Bruner, J.S. (1966). *Toward a theory of instruction*. Cambridge, MA: The Belknap Press of Harverd University Press.

Cogan, M. (1973). *Clinical supervision*. Boston, MA: Houghton Mifflin.

Dewey, J. (1916). *Democracy and education.* New York, NY: The Free Press.

Dewey, J. (1929). *The sources of a science of education.* New York, NY: Liveright.

Dunkin, M. J., & Biddle, B. J. (1974). *The study of teaching.* New York, NY: Holt, Rinehart & Winston.

Eggleston, J. (1977), *The ecology of the school.* London, Methuen.

Gage, N. L. (Ed.). (1963). *Handbook of research on teaching.* Chicago, CA: Rand McNally.

Gage, N. L. (1978). *The scientific basis of the art of teaching.* New York, NY: Teachers College Press.

Gagne, R. M. (1965/1977). *The conditions of learning.* New York, NY: Holt, Rinehart & Winston.

Goldhammer (1969/1980). *Clinical supervision: Special methods for the supervision of teachers.* New York, NY: Holt, Rinehart & Winston.

Good, C. V. (1973). *Dictionary of education*(3rd ed.). New York, NY: McGraw Hill.

Good, T. L., Biddle, B. J., & Brophy, J. E. (1975). *Teachers make a difference.* New York, NY: Holt, Rinehart & Winston.

Good, T. L., & Brophy, J. E. (1984). *Looking in classrooms* (3rd ed.). New York: Harper and Row.

Goodlad, J. (1984). *A place called school.* New York, NY: McGraw Hill.

Hosford, P. L. (1973). *An instructional theory: A beginning.* Englewood Cliffs, NJ: Prentice Hall.

Jackson, P. (1968). *Life in classrooms*. New York : Holt, Rinehart and Winston.

Johnson, M. Jr. (1967). Definition and models in curriculum theory. *Educational Theory*, 17 (Spring), 127-140.

MacDonald, J. B. (1963). The nature of instruction: Needed theory and research. *Educational Leadership*, 21 (October), 5-7.

MacDonald, J. B., & Leeper, R. R. (Eds.) (1965). *Theories of instruction*. Washington, D. C.: Association for Supervision and Curriculum Development.

MacDonald, J. B., & Leeper, R. R. (Eds.) (1965). *Criteria for an Instructional theory*. Washington, D. C.: Association for Supervision and Curriculum Development.

Mitzel, H. E. (1982). *Encyclopedia of educational research* (5th ed.). New York, NY: The Free Press.

Mosher, R., & Purpel, D. E. (1972). *Supervision: The reluctant profession*. Boston, MA: Houghton Mifflin.

Peterson, P. L., & Walberg, H. J. (Eds.) (1979). *Researching on teaching: Concepts, findings, and implications*. Berkely, CA: MuCutchan.

Rutter, M. (1977). *Fifteen thousand hours: Secondary schools and their effects on children*. London : P. Chapman.

Sarason, S. P. (1971). *The culture of the school and the problem of change*. Boston : Allyn and Bacon, [1971]

Shulman, L. (1983). *Autonomy and obligation: The remote control of teaching*. In L. S. Shulman & G. Sykes (Eds.), Handbook of teaching and policy (pp.484-504). New York, NY: Longman.

Skinner, B. F. (1953). *Science and human behavior*. New York, NY: Macmillan.

Skinner, B. F. (1968). *The technology of teaching*. New York, NY: Appleton Century-Crofts.

Skinner, B. F. (1971). *Beyond freedom and dignity*. New York, NY: : Knopf.

Travers, R. M. W. (1973). *Handbook of research on teaching*. Chicago, CA: Rand McNally.

Westbury, I., & Steimer, W. (1971). Curriculum: A discipline in search of its problems. *School Review*, 79 (February), 243-267.

Wittrock, M. C. (1986). *Handbook of research on teaching*. New York, NY: Macmillan.

劇院式教學與二十一世紀教育：
教師專業性的回顧、定位及前瞻

鄧惠欣

壹、前　言

　　將要踏進二十一世紀的時候，人類彷彿在很多事情上都有一種世紀末的心情，祈盼有新的突破和發展。事實上，人類於很多領域在發展之同時也遇上了不同程度的危機感，如環境污染、民族主義抬頭所引起的紛爭、對權威不信任所帶來的震盪和一般人的質素下降等。教育，作為提供人才及鞏固社會的機制，必然成為眾矢所指，需要承擔一定程度的責任。故此，一個社會或者國家在面對這些危機的時候便會很自然的向當時的「教育體制」提出要求，甚至表示不滿。美國在五○年代出現的一本書 *A Nation At Risk* 就是一個很好的例子。危機感的出現標誌著教育改革的需要，而當中的關鍵人物──老師們亦很自然成為眾矢之的。

　　這篇文章將分三部分探討教師的專業性（professionality）問題。第一，本文先論述二十世紀的教育取向如何把教師非專業化（de-professionalized）。第二部分，筆者將從傳播的歷史角度概述社會的轉變，並嘗試提出教師專業性的可能取向。最後，筆者會

就個人的經驗和觀察所得以比較的方法提出一些可供繼續研究的方向。鑑於筆者是來自香港，故此，筆者會談一點香港在這方面的經驗以對照文中的論述。

貳、教育專業化的迷思

香港最近的一份教育報告書（《第七號教育報告書》，1997）以「優質」作爲標題。這個不單是在香港有這樣的現象，世界其他國家也在推行「優質教育」（quality education）。筆者的疑問是：「爲什麼教育還有優質與非優質之分呢?」也許「教育」在現在的處境裏有其特別的涵義，有別於傳統的意思。

一位印度的詩人，泰戈爾（Rabindrananth Tagore）曾說：「我們孩子的身體是善於表達的，但是，當我們把他們送進「學校」的時候，我們就開始踏上了錯的第一步。」（Tagore, 1961, p.102）泰戈爾是一個詩人，從他的角度來看，小孩子就像另外一位英國詩人，William Wordsworth，在其詩裏面所描述的那麼活潑無邪，善於不功利地（non-instrumentally）和不含目的地（non-purposively），亦即真摯地（authentically）去表現自己，值得我們這些成年人去學習。只是，我們的學校使這些孩子的表達能力（expressibility）都窒息了。

Ivan Illich 在七〇年代對學校的教育功能也有類似悲觀的看法。他把現代的學制比如中世紀的宗教，壟斷了傳遞及教導下一代的角色。（Illich, 1978, pp.43-46） 他稱之爲一個「操控機關」（manipulative institution）。踏進九〇年代，英國的 Michael Barber 也提出，究竟我們所有的學習是否一定限於在學校裏進行？

（Barber, 1996, p.249）無論如何，邁向全球化的這個年代，國與國之間的聯繫越來越緊密。但同時，它們之間的競爭也越來越激烈。要增強一國的競爭力，教育很自然就成爲加強這種競爭力的來源，而要完成這項任務的機構就是我們的教育機構。榮辱與否，辦「好」教育就是關鍵之所在。這種現象可追溯到十六、十七世紀的時候。

Ramirez 和 Boli 曾在多篇文章裏發表了他們對「普及教育」（mass schooling）形成之原因所作的研究報告（Ramirez & Boli, 1982; Ramirez & Boli, 1985; Boli & Ramirez, 1986; and Ramirez & Boli, 1987）。Ramirez 和 Boli 認爲，「普及教育」的擴張是一個跨國性的現象。構成這個現象的基本原因是，現代人對理性、目的性和進步這些觀念之共同理解所驅使。要達成這些目的，單靠個人的成就是不行的。因此，這些個人只能投向國家體制裏爲他們所提供的機會和設備以達成其目標。與此同時，爲要鞏固其合法性，國家也以滿足這些個人的願望以達成整合社會的目標。這種整合之達成是基於一種「互相確認」（mutual recognition）的基礎。透過這種基礎，國家和人民都相信整體將會邁向進步，而教育則被認爲是達成這個目標的渠道。結果便做成了 Ramirez 和 Boli 所認爲的教育的「機構化」（institutionalization）和「同質化」（homogenization）。世界各地雖有不同的文化，但是他們的教育體系在基本上是相同的。換句話說，現代教育的發展是一個「機構化」和「同質化」的過程。這也是 Ivan Illich 批評得最厲害的地方。

Illich 在他的一九七○年代所出版的書 Deschooling Society 裏認爲，真正的教育並沒有在學校裏好好地推行。他的觀點似乎跟泰戈爾的相同。他的觀察指出我們日常的學習都在學校以外的地

方得到。而整個現代教育的學制只製造了一些類似工廠的學校，製造了一種單一，仿似輸送帶（assembly line）式的課程及聘用了無數如工廠技工般的教師，以為只要把那些送進來如貨品一般的學生加工便可以增加他們的價值。世界各地都在奉行這種從商界（business sector）那裏借來的一套所謂科學的管理方法（management science），高舉「問責」、「效能」、「速率」及「增值」等觀念。正如 Hoy 和 Miskel 所言：「科學式的管理就如管理機器一樣。」這個觀念是源自一位工業家泰勒（Frederick Taylor）。他把工人如機器裏的一顆螺絲看待。為了增加生產量，工人的工作時間及動作都經過精細的計算。另外，在管理人員的監控下，工人必須分工執行既定的指令，務求達到原定的目標。有一點值得提的就是這種方法所出產的貨品都是同質的，就是說它們是沒有差別的。因為，這個被稱為泰勒主義（Taylorism）的生產模式是以量的極致（maximization）為原則。（Hoy & Miskel, 1996, pp.9-11）而在生產的過程中，一切活動都在被監控的情況下不受騷擾地自行操作，直至目標達成為止。除了量以外，產品的「質素」也可以得到保證，只是這些產品都是同「質」的。這是在機構化和同質化，並以工具理性為導向的現代教育體制之下所產生的結果。而監控這種生產方式的便是一個由經濟及政府科層管理的架構（bureaucratic-administrative-economic complex）所組成。

最近在香港舉行的一個研討會裏，一位商家的言論就引起了很多回響。他公然地說，我們這個社會所需要的只是一少撮擁有「受聘價值」（employability）的大學生便可以。當然，他的言論受到教育界的批評，但是也很清楚反映了商界對教育的看法——教育是達成獲取經濟利益的手段。

在香港的教育體制裏，最能突顯這種工具理性的莫過於在語

言政策爭論上。在香港，所謂多受一點教育就等於多學點英文。到現在，所謂學生的素質下降是指他們的英語不好。當然，素質的內涵包括很多東西，但是英語，本身就被視爲一種獲得利益的工具而與個人的素質未必有直接的關係，卻被高舉爲一種不可或缺的標準。因此，所謂教育改革就變成改良語言的能力，特別是指英文。這種把崇尚學好第二語言看成獲取美好前途的工具，並以此爲達致教育最終的目的製造了一種雙重的疏離感。一方面是與自己的語言身分疏離，另一方面則與教育的基本目的疏離。

香港的家長們在公開場合都認同母語教學的好處。但是，他們又恐怕失去了「英語」這個標籤。在一九八二年，香港邀請了一個由一些國際知名學者組成的顧問團，爲香港的教育把脈。結論是，他們認爲香港應該以母語教學。但是，他們在後頭加了一句。就是說，香港不可以沒有英文。這個意見是以香港作爲一個國際城市所說的。顧問團的建議保留了很寬的灰色地帶。這也是香港語言政策最苦惱的地方。簡言之，這種張力的存在是由於把教育看成是獲取經濟利益的工具所致。教師在面對這些張力的時候亦面臨雙重的非專業化過程。第一，若教學只爲經濟而服務，很多其餘教學目的便被忽略了，結果如 Illich 所說的，真正的教育並沒有在學校裏進行，而教師也並非在做他們份內的事情。第二，若以教師的英文水平來衡量教師的能力，那更是荒謬的事情。從社會語言學的角度來看，語言有其創建的潛能。（Wells, 1999; Halliday, 1978） 硬把第二語言（英語）高舉成通往成功之路，心理上就把所有操母語的老師非專業化了（de-professionalized）。

究竟老師專業化是怎麼一回事？按《牛津英文字典》（*Oxford English Dictionary*）的解釋，「專業」（professional）這個詞在十六世紀原本只應用於醫藥、神學及法律這些行業。要成爲一項專

業，它必定被機構化，並制定標準，跟一般的行業分別出來，達不到這些標準便沒有資格入行。（Bullough, 1970, pp.160-7）曾榮光在他的一篇文章裏曾介紹過兩類不同的專業組織。這兩類組織分別是自主的專業組織（autonomous professional organizations）和外控的專業組織（heteronomous professional organizations）。前者由該組織內的專業人士所控制，而後者則受外來的因素所支配。按曾的分析，國家經營及管轄的學校正屬外控的專業組織，因為學校中雖然絕大部分的雇員是「專業」教師，但學校卻控制在國家及學校內科層官僚手上。（曾, 1998, p.47, 引自 Larson 的分析）因此，曾的結論是「教師就只可以說是一種國家贊助的專業（state patronized profession），或更直接地就只是國家科層的雇員。」（同上，p.46）教師的所謂「專業」只能成為政府、行政與經濟這個複合體（bureaucratic-economic-administrative complex）之下的附庸。

其實，教師專業化的議論是結合了幾個同時發生的現象。第一個是大眾已認同了專業是「素質保證」（quality assurance）的代名詞。第二是學生的「素質」下降，而所謂「素質」是指速成經濟效益的條件。第三是大眾一般都相信人的素質和生產的素質與量有密切關係。結合以上三點，我們就把「教師的專業化」看成為出產有經濟效益的學生的一種手段。這一種意識形態是否合乎教育的需求卻引起了很多教師的反駁和討論。

一九九九年初，香港中文大學曾舉辦了一個國際性的研討會。主題是「在教學上的新專業主義」（New Professionalism in Teaching）。顧名思義，研討會的目的是希望藉此尋求及引發一種有別於傳統的專業概念的教師專業。在這裏，我選擇了幾位特別對「新專業主義」這個概念多一點討論的學者之文章進行反思。

它們包括 Brian Caldwell、Ivor Goodson 和 Andy Hargreaves。

　　Caldwell 提出了世界級學校（world class schools）的意念，並促使教師們要有策略性地重新定位及裝備自己以滿足社會及世界的需要。Caldwell 指出了四個教師要裝備自己的重點，包括溝通的能力（literacy）、數學上的計算能力（mathematics）、操控科技的能力（technology）和反思的能力（reflective intelligence）。（Caldwell, 1999）Ivor Goodson 則批評說，現在教育的內容逐漸變得單一化，而「教師專業化變成了技術化」。（Goodson, 1999, p.4）他提出了「原則性的專業主義」（principled professionalism）的意念，說教師應有那份道德勇氣，堅守原則，重新界定一種道德的專業操守（a new moral professionalism）。（同上，p.2）他認為在這個被稱為「後現代」的時空裏，教師的專業應以互動為策略，自強為終身目標，並以關懷為要。所謂互動者，就是跟不同專業的人士合作交流，自強者是要不斷學習，關懷者乃是以學生的益處為對象。Andy Hargreaves 認為老師需要更多一點掌握公眾對教育的想像。（Hargreaves, 1999, p.15）他提出老師們先要與家長建立夥伴關係，讓他們多一點瞭解學校的工作將會增進雙方在幫助學生時互相學習（reciprocal learning）的默契。（同上，p.12） 他形容，這是在後現代裏一個對老師的吊詭性的挑戰（paradoxical challenge in the postmodern age）。（同上，p.17）意思是說，一方面教師需要開放自己，與學生的父母及其他的專業人士合作，另一方面，老師們也因此而感到被削弱了權責。表面上，教師的自主性是被奪去了。但事實上，教師亦因其與廣泛的專業人士合作而增強了他們的滲透性。

　　綜合以上的論述，筆者得出的結論是，教師的專業性一向都沒有明確的界定。或許，這與教育的不能立竿見影有關。不能立

竿見影即不可以即時有效地量度，這是違反了工具理性的原則。但是有一點是很清楚的，工具理性只能界定關係，但絕不能處理關係。用 Hannah Arendt 的說法，處理人的問題並不是一個製造（making）的過程，而是一個創造（acting）的過程。前者是一個密封式——手段到目的——的過程，而後者則強調開創性的啓發。（Arendt, 1998, p.177）

參、來自傳媒的挑戰

Arendt 認為，人基本上是生存在一個極為複雜的關係網絡當中。要瞭解人的問題是不能把人抽離放置在一個假想真空，不受干擾的地方處理。因此，本文認為，我們應該回到根本的地方去思想教與學的問題，並把這種關係放置在一個歷史文化的脈絡去瞭解，期望得出一點點的啓示。

筆者揀選了傳媒而棄商界的模式。因為，教育本身就是一種傳播的工作，只是教育的技術卻遠遠落後於傳媒。這跟教育是一種無形的（intangible）投資，而傳媒則回本得快有關。

從現代的傳播歷史來看，有兩項發明是對我們的教育以及日常生活有很大的影響。第一是印刷術的發明。其後配合了資本主義的興起，這股被班納迪克・安德森（Benedict Anderson）稱為「印刷資本主義」的力量橫掃了整個世界數個世紀。（Anderson, 1999, pp.50-5）這種印刷文化（print culture）使知識以一種文字的方式傳播。而我們的教育制度，包括學校、老師都以掌握文字為其首要目標，直至本世紀下半葉才產生了很大的變化，那就是電子傳媒的興起。以前，literacy 這個觀念只用於與印刷媒介有關

的文字上。正如 Art Silverblatt 在談及傳媒所形成的影響時說，'literacy' 的定義需要重寫，因爲傳統的定義再不能涵蓋現時社會所散播各類我們所需要掌握的資訊及知識。（Silverblatt, 1995, p.2）Brown & Neal 在他們的文章"The Many Tongues of Literacy"裏說，'literacy'的定義有必要重新解釋，不應只限應用於印刷媒介。（Browne & Neal, 1997, p.158）他們認爲，在眾多的媒體當中，電視的招聚作用最大。因此，Silverblatt 也認爲，教導學生或大眾如何解讀傳媒是刻不容緩的事。

這一種從印刷文化到影像文化的變化使現行的教育模式受到很大的衝擊。以往，教師在教室裏的角色相對地是較明確及受尊重的。原因是，老師被認爲是真理和知識的傳遞者。在電子傳媒還沒有那麼發達的時候，老師們是知識的來源。職是之故，老師一般都成爲學生的模仿對象。但是，這個現象似乎不再存在。據香港最近的一項調查顯示，「半數中小學生均以活在鎂光燈下的藝人爲偶像，反而天天向他們傳道授業的教師則望塵莫及，只有不足 2%的中學生及 15%的小學生視教師爲偶像」。（這項調查把教師跟藝人比較是很有意思的。我將會在文章完結前把兩者作較詳細的分析和比較，看看是否可從中得到一點點啓示。）這種影響實不容忽視，只是老師們卻也只能束手無策。此外，這個現象告訴了我們一個事實，老師的尊崇地位已在不知不覺中受到了挑戰。

一九九九年年初，香港中文大學舉辦了一個名爲「二十一世紀校外教育的定位與發展」，談論有關「正規」和「非正規」教育的研討會。所發表的文章一致肯定了「非正規」教育的貢獻，其作用是補充了「正規」教育的不足。很明顯的，這項行動間接地向教師的能力提出了疑問。但是，本文認爲這只是一種錯覺，

對教師實在不公平。鑑於篇幅有限，筆者未能在此詳述。但是，有一點是值得在此提出的，即「非正規」教育給人的印象是沒有「正規」那麼悶。本文提出三點觀察究其原因：(1)藉著科技的發達，知識在量的增長確實令老師們應接不暇；(2)因科技發達而帶來傳媒知識的多樣化及另類知識（相對於老師而言）的衍生使老師作為唯一知識來源之神話破滅了；(3)學校的傳播方式，即教師的教學法，實在追不上傳媒的多樣性，並缺乏了一點娛樂性。簡言之，傳媒所創造出來的知識領域在一定程度上已代替了教師在學生心目中的地位。

香港的《教聯會會刊》於一九九九年六月二十一日引述了英國的麥克雷所觀察之有關全球教育的十大變化。總括來說，教育與媒介的分野已越來越模糊。其中一項與本文之提議有著密切的關係：「教育與娛樂之間的界限正在逐漸消失。聰明的教育工作者使用娛樂的技術傳遞訊息已有相當長的時間。……在這場革命中，電影和電視將決定人們的學習方式。」（《教聯會會刊》，1999.6.21）這句話正道出了筆者上述的論說。另外，在一個國際性的研討會裏，一位來自以色列臺拉維夫大學的教授 Akiba A. Cohen 指出，電視新聞變得越來越少資訊，卻多了娛樂的成分，故稱之為「娛樂資訊」（infotainment）。（Cohen, 1999, p.10）Michael Barber 同樣也認為教育與娛樂的分野將日益模糊。（Barber, 1996, p.256）但是，他同時補充說，這正是學習變得多元化的契機。這一切的變遷是否暗示著一個新的教學典範即將誕生呢？

我們都知道，以教師為中心的教學方法已過時，學生才是教學之中心所在。但是，我不同意上述的這兩種中心論是互相排斥的。正如 Robert Leamnson 所言，教育並不是一個人的工作，教育之達成是需要教師和學生各自做他／她們應該要做的事。

（Leamnson, 1999, p.9）我想在 Leamnson 的這個定義上加上一個問題，就是：「現在的教育又是否只限於學生與老師之間的事情？」這個也是本文將要解答的問題。

不過，我嘗試先從三方面總結教師所面對的問題。第一，既然教師是國家裏的其中一個機構的雇員，他們是有責任配合政府的經濟政策培訓適切的人才以維持整體的經濟運作。但是，筆者認為那絕對不是唯一的教育目標。第二，既然教育的目標並不單純是服務經濟的需要，教育的改革及素質保證也不應使用純商業或工業管理的那一套。第三，鑑於傳媒不論在生活上和傳遞訊息的方法上均較接近教學的模式，故本文在結束此文前嘗試梳理當中的想法以供繼續研究之用。

本文所關心的不是去教和學什麼，而是「如何」去教。要找出這個「如何」的方法是透過比較。最近，在香港炒得很熱鬧的一個話題就是傳媒的專業操守問題。在新聞自由與侵犯私隱和素質之間，各個討論都嘗試平衡各界的觀點和利益。在一個研討會上，一位教育界的從業員埋怨，傳媒的歌星們說一句話的影響力較之老師和父母所說的大得不知多少倍。這個是事實。但是，在埋怨的同時，我們有沒有探討過為什麼歌星的魅力那麼強而從中學習。這正是筆者接下來要討論的焦點。筆者的論述將以學生中心論為起點，卻以教師中心論為終點。

所謂以學生中心論為起點，並以比較的方法去尋找，問題就變成：「為什麼藝人會較教師更吸引學生的注意力？」本文將會從三方面的比較瞭解這個現象：(1)藝人與教師個人的比較；(2)藝人的表演場所和教師的教室的比較；(3)藝人的表演過程與教師的教程之比較。

讓我們先談談藝人的吸引力。按韋伯（Max Weber）的見解，

一個成功的領袖所具備的其中一個條件便是他／她的魅力（charisma）。同樣，藝人及教師在其崗位上也起著帶領的作用。我們都知道，藝人跟平常人一樣，沒有分別。但是，當他們站在台上的時候，他/她們的魅力就蓋過了一切，成為焦點。他／她的一舉一動都好像帶有一種煽動的力量，吸引著每一個觀眾。縱使場館裏坐滿了千萬人，他／她的魅力仍然如水銀瀉地般的吸引著每一個觀眾。反之，教師對學生卻缺乏這種吸引力。要瞭解這種區別，我們不能單從藝人／教師個人入手。借用 Hargreaves 的用詞，這個問題的核心是一個「吊詭性的挑戰」（paradoxical challenge）。藝人之所以那麼具吸引力乃在於他／她的被「神秘化」（mystified）。「神秘化」的意思就是遠離群眾，只讓他們看到最好、最美和最親切的一面。反之，教師以往在學生心目中的「神聖」形象卻漸漸被「非神秘化」（de-mystified），因為教師每天都要跟學生直接面對面的接觸。所引起的衝突亦因社會的複雜化而漸漸增多。要教師具備這種「神秘化」的魅力即叫他們遠離學生，那是不可能的。從上述的比較，教師委實在形象上比不上藝人。但是，這也是教師們的優點。因為，面對面的個別接觸才是真正建立深厚關係的機會。那麼，教師如何保有後者的優勢而同時亦可培養前者的魅力呢？要瞭解這點就要進入比較的第二方面——藝人的表演場所和教室的比較。

上述那種「神秘化」和「非神秘化」的過程是一個處境（contextualized）的問題，而不全關乎個人本身。意思就是說，環境的配合乃是關鍵所在。舞台和教室的基本設計是相同的，都是在觀眾和學生的前面設置了一個中心點，讓預定的中心人物執行其預設要發揮的技能。不同的地方就是舞台擁有那種攝人的魔力，而製造出這種魔力的元素便是舞台的設備，包括：舞台設計、

燈光、音響、視牆和錄影轉播的配合。舞台設計製造處境；燈光協助聚焦；音響縮短距離；視牆及錄影把焦點放大。這些設備把舞台的主角變成一個獨一無二的個體。藝人的魅力就是這樣被製造出來，當然也少不了事前的宣傳。而背後所牽涉的人力和科技專才是一項很大的投資。同樣，若成功的話，回報也是不錯的。這也是教育的改革步伐所望塵莫及的。反觀教師的角色，他們要一手一腳安排所有的設備。事實上，教師以往的訓練只限於課本的知識，而要他們同時兼顧那麼多的技術操作，那是不切實際的。況且，曉得開啓電源及按鈕並不代表物盡其用。能夠把舞台上的各個元素用得其所，我們不能不談整個節目的靈魂人物，那就是節目的監製。他／她的工作內容將帶領我們進入比較的第三方面——藝人的表演過程和教師的教程。

　　監製的工作是串連整個節目的流暢性，讓觀眾在上述多種設備的引領下聚焦在主角或者是既定的主題上。鑑於觀眾的注意力一般都不能太長久地專注在同一件事物上，內容的多元性及間或製造一些高潮是延續觀眾注意力所必須的手法。總括來說，節目的流暢性、節奏性和緊湊性是整個傳遞訊息過程是否吸引觀眾之關鍵所在。教師在設計教案時的心路歷程跟監製的工作基本上是相似的。只是教師們同時要活出演員的角色，把自己所寫的劇本演出來，也得兼顧各種技術性的含接。還有一個很重要的因素令監製的角色有別於藝人，即是他／她的客觀性。鑑於監製不需與觀眾在現場有直接的交流，他／她只是一個第三者，觀察整個籌備和演出的過程。換言之，他／她擁有更多反思（reflective）的空間。藝人所憑藉的一般都是他／她們的經驗和急才。這也是他／她們發揮創造力的根據，太過於照本宣科並不是他／她們的本性。原因是，藝人在台上的演出除了根據原定的計畫以外，他／

她個人情感的投入及對現場周圍環境所作出的即時反應往往是造出最佳效果的時候。可以說，這種創造性的效果是監製的反思（reflection）和藝人的實踐經驗（practice）之間的一種辯證關係所促成。對比之下，教師在這方面要同時兼顧反思和實踐的活動。情感的發揮和理性的反思很多時候是不能同時發生的。因此，教師在這方面要常常保持一種內在對話的狀態可不是件容易的事。

從上述三點的論說中，本文也可分別提出一些建議供參考和繼續研究之用。原則上，這些建議都是以學生的接收為起點，教師的專業化為終點而提出的。

在教師方面，筆者頗為同意 Barber 的觀察。在過去一個世紀中，老師及學校的責任太重了。Barber 認為，社會中的各界人士，包括各種專業人士（paraprofessionals）以及學生的父母均應該承擔相當的責任，讓學校的工作變得易於管理（manageable），讓老師們做他/她們應該要做的事。（Barber, 1996, p.263）那麼，那些東西才屬於老師的工作範圍？根據一項在香港有關教育界人士對二十一世紀優質教師的期望之調查顯示，他/她們都希望教師能對教學有熱誠、多關心學生、懂輔導技巧、思想成熟和有精良的教學法。（《星島電子日報》，教育資訊，1999.8.25）上述的要求總的來說可以分為三點。第一是教師的個人世界觀。第二是對教育下一代有承擔感。第三，也是本文焦點所在，就是教學的方法。鑑於第一點較抽象，而第二點又不單純是教師的責任，故本文只談論第三點——教學法。

有別於一些觀念，說教師應回應資訊科技的快速轉變，趕快學會如何操作電腦，本文認為那是技術員的工作。當然，筆者並不反對老師去多學習。但是，那不應是教師工作的核心。用香港的一句廣東話俗語說，教師是要「食腦的」。他／她應該透過各

種先進的科技把所要傳遞的訊息呈現在學生面前，憑著自己的綜合分析和判斷力（synthetic-analytic power）引領學生共同參與建立其個別的知識庫房。Jay Lemke 解釋，一切意義的構成是來自一種文本與文本之間（intertextual）相互辯證的關係，而讓這種關係成爲可能是可以透過不同形式的文本，包括日常用語，語言式的視像和非語言式的視像，以及不同類形的人工製品和工具。（Wells, 1999, p.130）較早前在談到社會變遷的時候，一個明顯的意義場所轉變就是影像文化（image culture）漸漸取代了印刷文化（print culture）。有人認爲這個也是現今老師有別於學生的地方。要做一個專業的教師，首先就不能脫離學生的文化。而學生的文化也即是傳媒所製造出來的流行文化。若教師對它卻一竅不通，那教師們又憑什麼去誘導學生。

肆、劇院式教學的新思維

在香港，最近有一個翻天覆地的教育改革。一九九九年九月二十三日的一個針對「教育統籌會」的建議之研討會裏面就有一位研究傳媒的學者引用了 Neil Postman 的研究說，現今的小孩子從兩、三歲開始便受到了傳媒的薰陶，故此，我們不要輕視傳媒對小孩子的影響力。如果這是屬實的話，教師實在不能缺少對傳媒的研究和認識。總括上述的論說，筆者認爲教師在這個稱爲後現代的社會裏有兩種配備是不能少的。教師們一方面需要學習傳播的技巧用於教學上。在這裏強調一點，曉得操作先進科技並不等於懂得傳播技巧。另一方面，他／她們也需要教曉學生如何解讀傳媒所播送出來的訊息，那更牽涉到文化認識的問題。前者可

以作爲教師個人修養的功夫，而後者則可成爲教材。

較早前筆者曾引述 Gordon Wells 的觀點，指出我們都生活在一個充滿意義的場所（semiotic field）裏。同樣，教室也可以是一個這樣的地方。事實上，老師們也意識到這一點，並努力嘗試在教材的設計及教具的配合上製造適切的意義場境，務求使學生在一個有意義的環境裏學習。但是，較之於傳媒的製作方法及混合各專業人士的合作方式，教師至少在時間、技術、人手及配備方面都遠遠落後。因此，老師在這些事情上需要其他技術人員的協助。教師應專注於選取教那些內容和意念，而其餘的製作過程則交由一個製作隊伍（production crew）去辦。但，這並不表示老師們不需要理解各種媒介的特性及其專長。教師們一樣要知道每一種媒介運作的模式才能物盡其用。所以，現今的教師教育應該包含這些知識。

一般學校的設計都是標準化的。每一個課室均容納三十至四十人，甚至有些更多。這種單一化的教室設計一方面未能做到以小組式的導修效果，藉以多一點瞭解及關心學生的需要。另外，基於在這麼多的教室裏同時安裝先進的影音設備以協助教師教學是很不划算的一回事，學生是否能愉快的學習就只能完全依賴教師一個人。那是一個很不切實際的想像。相對於藝人的角色，我們把太多的責任加諸在教師身上，而在傳播的資源及設備上（用現時教育的術語，即教具設計上）又不給予充分的支援，那是對教師不公平的。我的建議是把現時的上課形式改變。舉香港的中學一年級爲例，每一間中學都有六班中一學生。基本上所教的內容都是一樣，卻要分開六次教授，何不把學生集中在一起於一個劇院式的禮堂裏上課。形式就如第一點所論，以影音製作組所製作出來的影音教材協助。或許我們會接著問，學生學習的過程總

不能只坐在劇院式的禮堂裏被動地接收訊息。這個提問是對的。劇院式的教學只完成了老師工作的一部分。它爲老師及同學省下了很多的時間，而這些省下來的時間就可以讓學生去搜集資料和讓老師多分小組與學生多一點的接觸及討論在劇院式禮堂裏所傳遞的訊息。至於人手的安排方面，限於篇幅不在此作更多的討論。

最後，筆者要談到的就是教程的問題。傳媒用了很多先進的設備爲了要達到一個傳播的效果，就是「傳不留痕」。意思是說，傳遞訊息者使用各種影音設備去傳遞他／她要傳遞的訊息，其目的就是要掩飾他／她要傳遞那個訊息背後的動機。換言之，讓觀眾一眼就看破製作者的動機就是一個失敗的製作。另外，廣播界有一句術語，就是在節目進行中不應該有 'dead air' 的時間。意思就是要維持節目的流暢、緊湊和節奏。目的也是在不著跡的情況下抓緊聽眾的注意力。若果把這種「傳不留痕」的效果跟教師們在課堂上的表現比較，那會是怎樣的一回事？舉例來說，不是每一位老師都熟識影音器材的操作，甚至，有些老師還對這些器材有一種恐懼感。每當要他們啓動這些器材時，他／她們總是手忙腳亂。在學生面前，他／她們總是表現得無能爲力。甚至有些老師需要學生的幫助才能繼續用這些器材作教學之用。聽說，很多教育工作者都不以爲意，認爲那不是教師的專業範圍。若我們把「教學」看成是一個傳播的過程，而不單單是教師的專業知識範圍的事，那結果就完全不一樣。結論就可能變成，不能流暢地完成一個完整的教學流程就是不專業的表現。公平地說，要教師有這種「傳不留痕」的表現也必須有如前述第二點所建議的影音製作組的協助和教室的設備才行。再舉一個例子表明這種效果。一些綜合晚會裏的司儀就好像有一種呼風喚雨的能力，節目與節目之間由司儀所串連的一段話就是方向的指示，從一個鏡頭到另

外一個鏡頭所交代的人和景都好像任由司儀的說話指令，呼之則來，揮之即去。事實上，那是編導在掌管著每一秒的時間，透過攝影師對人物和景的捕捉，加上燈光的襯托和聚焦，再配合司儀的表現結合而成。相比之下，以我們現在教室的設備和人手的支援是不可能做到的。

伍、結　語

筆者在這篇文章裏概括地指出二十世紀教育的意識形態及其對教師角色的影響。本文嘗試勾劃出這個世紀的教育危機感的由來，並提出現在我們所用的模式並不切合社會的轉變。現代教育的危機感是原於我們把教育變成一種只用來服務和維持經濟體系的工具。更諷刺的是，我們繼續用商界的一套管理模式去為教育把脈。結果，教師們越來越被非專業化。教師在這種境況當中如何自處乃是本文的旨趣所在。筆者提出，教育的改革應該從學生的接收為起點，而以教師的專業為終點。換言之，教學過程才是教育改革的焦點所在。本文提出向傳媒的製作模式學習以收效益，並同時把省來的時間用在分組導修及資料搜集的工作上，以平衡教與學的互動關係。限於篇幅，本文的論述嫌有點粗疏。事實上，若此構想可行的話，它將會影響到教師的角色和學校及教室的設計。同時，各類在科技上的專材之配搭也是關鍵之所在。在這個模式裏，教師是重點，但最終也是為了學生的好處。換言之，它也會影響到師訓的內容和構想。本文相信，這是建立教師專業性的途徑，因為它是揉合了傳播、綜合批判和服務於一身的專業性，有別於其他以個別學科知識為基礎的專業。

參考資料

一、中文部分

《星島電子日報》── 教育資訊，〈21 世紀優質教師不易為〉，一
　　九九九年八月二十五日。

班納迪克・安德森，（1999），《想像的共同體：民族主義的起源
　　與散布》，吳叡人譯，時報文化。

《教聯會會刊》，一九九九年六月二十一日。

曾榮光，（1998），《香港教育政策分析：社會學的視域》，三聯書
　　店(香港)。

二、外文部分

Arendt, Hannah. (1998). *The human condition.* (2nd ed.) Chicago &
　　London: The University of Chicago Press.

Barber, Michael. (1996). *The Learning game: Arguments for an
　　education revolution.* London: Victor Gollancz.

Boli, J., & F. O. Ramirez (1986). "World Culture and the International
　　Development of Mass Education." In J. K. Richardson (Ed.).,
　　Handbook of theory and research for the sociology of education.
　　N.Y.: Greenwood Press.

Boli, J., F. O. Ramirez, and J. M. Meyer (1985). "Explaining the
　　Origins and Expansion of Mass Education." In P. G. Altbach & G.
　　P. Kelly (Eds.) *New approaches to comparative education.*
　　Chicago: Chicago Univ. Press.

Browne, Ray B. & Neal, Arthur G. (1997). "The Many Tongues of

Literacy", *Journal of Popular Culture*, 25: (1), Summer, 1997.

Bullough, Vern L. (1970). "Education and Professionalization: An Historical Example", *History of Education Quarterly,* Summer, pp.160-9, 1970.

Caldwell, Brian J. (1999) "The Status of the New Professional in Schools of the Third Millennium: Benchmarking against the Best in Medical Practice", paper presented as an Invited Keynotes Address at the *International Conference on "New Professionalism in Teaching: Teacher Education and Teacher Development in a Changing World"* organized by the Hong Kong Institute of Educational Research and the Faculty of Education, the Chinese University of Hong Kong, in association with the International Research Network PACT (Professional Actions and Cultures of Teaching), CUHK，January 16, 1999.

Cohen, Akiba A. (1999) "Globalization, Ltd: Domestication at the Boundaries of Television News", paper presented at the *International Conference on "In Search of Boundaries: Communication，Nation-States and Cultural Identities"* organized by the Department of Journalism and Communication, The Chinese University of Hong Kong, June 25-26, 1999.

Goodson, Ivor. (1999) "Towards a Principled Professionalism for Teaching", paper presented as an Invited Keynotes Address at the *International Conference on "New Professionalism in Teaching: Teacher Education and Teacher Development in a Changing World"* organized by the Hong Kong Institute of Educational Research and the Faculty of Education, the Chinese University of

Hong Kong, in association with the International Research Network PACT(Professional Actions and Cultures of Teaching), CUHK, January 16, 1999.

Halliday, M. A. K. (1978). *Language as social semiotic: The social interpretation of language and meaning.* London: E. Arnold.

Hargreaves, Andy. (1999). "Professionals. and Parents: Personal Adversaries or Public Allies?", paper presented at the *International Conference on "New Professionalism in Teaching: Teacher Education and Teacher Development in a Changing World"* organized by the Hong Kong Institute of Educational Research and the Faculty of Education，the Chinese University of Hong Kong, in association with the International Research Network PACT (Professional Actions and Cultures of Teaching), CUHK, January 16, 1999.

Hoy, Wayne K. & Miskel, Cecil G. (1996). *Educational administration: Theory, research and practice.* (5th ed.) New York: McGraw-Hill, Inc.

Illich, Ivan. (1971). *Deschooling society.* London: Marion Boyars.

Leamnson, Robert. (1999). "Thinking about Thinking about Teaching" in *Thinking about teaching and learning: Developing habits of learning with first year college and university students.* England: Stylus Publishing, LLC.

Ramirez, F. O. and J. Boli (1982) "Global Pattern of Educational Institutionalization." In P. G. Altbach et al., (Eds.), *Comparative Education.* N.Y.: Macmillan.

Ramirez, F. O. and J. Boli (1987) "The Political Construction of Mass

Schooling: European Origins and Worldwide Institutiona-lization." *Sociology of Education* 60: 2-17.

Silverblatt, Art. (1995). *Media literacy: Keys to interpreting media messages.* London: Praeger Publishers.

Tagore, Rabindranath. (1961). *Rabrindranath Tagore, pioneer in education: Essays and exchanges between Rabrindranath Tagore and L.K. Elmhirst.* London: Distributed by John Murray.

Wells, Gordon. (1999) *Dialogic inquiry: Toward a sociocultural practice and theory of education.* Cambridge: Cambridge University Press.

人文精神的再宏揚——
新世紀台灣教育的願景

楊洲松

壹、前　言

　　人之所以爲人，在於其在有限的時間與生命中去追尋無限的
價值與意義；亦即超越生理的限制，向「上」也向「善」的開展
自我，實現自我，追求無限，而希冀與上帝同。

　　教育即在於協助人類精神層次的提升，並成爲人與其他動物
間區別的重要歷程。教育一方面，消極的，防止人類墮落至「禽
獸不如」、「豬狗不如」的境地；另一方面，可以積極地提升人的
精神與心靈層次，使人成爲一個「有教養的人」(educated man)。
亦即如柏拉圖洞穴譬喻中所啓示，人不能滿足於當個黑暗洞穴中
管窺蠡測而無知愚昧之人，而是應運用理性之光，走出洞穴，迎
向善的太陽，方能真正認識世界與萬物。而此理性之光的點亮則
有賴於教師犧牲冒險的啓蒙引導。教育因而成爲是以人爲中心，
提振人文精神爲目的的歷程。

　　然而，當代自六〇年代以來，進入所謂「高度發展的資本主
義」、「後工業主義社會」、「資訊社會」或「後現代社會」之後，

後現代主義反對人之主體中心，轉而頌揚歧異、走向多元、追逐另類、享受感官、弭平深度的氣氛，對於人文精神爲中心的教育產生了相當的衝擊。

而近年來，台灣在走向高度工業發達的國家進程中，亦受到後現代思潮的衝擊，感染了後現代氣氛，社會型態明顯地產生改變。種種社會問題層出不窮，傳統道德倫理關係與意識逐漸式微。在後現代的台灣社會中，國民物質生活雖然富裕，精神生活卻顯貧乏；經濟生活雖然提升，人文精神卻漸失落。是以，如何提振人文精神，實踐人文理想，重尋人的尊嚴，將是台灣在邁入新世紀，成爲地球村重要一員時所必須面臨的重要挑戰，而這有賴於人文教育的推展、重建與宏揚。

貳、人文精神與教育

教育的對象是人，也只有人才有教育的可能性，其他動物僅有訓練而無教育可言。教育即是協助一個「人」「成爲一個『人』」（to become a man）的歷程，意即「使人成爲人的歷程」。前面之「人」係指素樸的、自然的、未經雕琢塑造或人文化的人，後者的「人」則指經由教育歷程，能發現自我在宇宙中之地位，能開展自我潛能，追求並實現自我理想，並進一步與他人諧和一致，深具理性、情感與道德之人，可稱之爲「有教養的人」。換句話說，教育活動即在於協助開展與解放人的主體性，以脫離無知愚昧與不成熟的狀態。是以教育活動脫離不了人，而教育的最高境界就在於創造人文價值（郭爲藩，民84：29）。

對於「人」的思考可以遠溯自希臘時代，哲人（sophists）

Protagras 言「人爲萬物之尺度」，認爲人應從個人主體性出發，來觀察與詮釋世界。Socrates 哲學的中心宗旨是「認識自己」（knowing yourself），認識自己的起點爲「虛懷若谷」，先確認己身的無知而對凡事存疑，才能理性虛心的求教，如此慎思明辨才能免於管窺蠡測的洞穴偶像、人云亦云的市場偶像、封閉唯我的種族偶像與獨斷權威的劇場偶像。Socrates 的「認識自己」亦即解放個人主體性靈，不受外在意識形態宰制，即如 Plato 洞穴比喻中所示，人必須運用理性，脫離洞穴中的假象世界，迎向至高無上的理念善。換句話說，真正之人的追尋，係主體性去除外在蒙蔽的解蔽過程與主體理性自主的解放歷程，而這艱困漫長的坎坷旅程有賴教師的協助導引。

十四世紀文藝復興運動的意義即在於人文精神的再生，亦爲人之主體性的再追尋。文藝復興的健將們，以古文學的復興作爲將人從中世紀上帝庇蔭之下解放出來的手段，迴轉人在宇宙中的地位，重新重視人的價值與意義，以發揚人文精神。如法蘭西人文主義學者 Rabelais 藉由《巨人傳》（Gargantua et Pantagrued）一書，從人性、人權的基本觀點出發，盡情地讚揚人的體魄、人的力量與人的智慧，完全肯定人的價值與人的地位（王立功，民84：181），而將人從中世紀煩瑣哲學與禁慾主義影響之下解放出來。而這樣的人的培養，必須經由教育的力量。即如 Erasmus 所言，「人如果不通過哲學的理性教育和對語言的學習，將是一種比畜生還要低下的造物，這是毫無疑問的。」（吳琅高，民84：206）人必須接受理性訓練，發展智慧，完善德性，才能免於墮落至禽獸，教育因而是人文主義的教育。

十八世紀「啓蒙運動」所追求的現代化，其要旨在於「解除世界魔咒」（disenchantment of the world），強調以人類精神價值之

創造和確立爲旨歸的「人文理性」，來驅除蒙蔽與奴役人類主體性靈的神話、迷信與無知，而能邁向理想之世俗的上帝之城。換句話說，啓蒙的現代化計畫認爲，唯有人類走出蒙昧，瞭解自身及世界，才能使生活更加美好，邁向更進步的社會（Hollinger, 1994: 7）。即如康德（Imm. Kant）在〈答何謂啓蒙？〉（Kant, 1783）一文中所指出，「『啓蒙』即是人超脫其自身所招致的未成熟狀態」；而所謂的「未成熟狀態」係指無人指導即無法使用自己的「知性」（verstand）的無能，其原因並不是缺乏知性，而是缺乏使用知性的決心與勇氣，此乃導因於個人的惰性與怯懦。康德因此要求「勇於求知」（sapere aude）。

作爲「啓蒙之子」的教育（User & Edwards, 1994: 24）即依循啓蒙現代化的路線，認爲透過教育可以協助個人從無知及迷信中解放出來，並以理性能力來轉變自己及所居住的世界，創造出一個滿足個人需求的社會生活形式（Carr, 1995: 76）。即如 Sipinoza 的格言：「若我知道真理而你不知道，改變你的思想與方法是我的道德責任；我沒有去做這件事的話，那是殘酷且自私的。」（Bauman, 1992: xiv），點出了教育在啓蒙與解放當中所扮演的角色，也即是啓蒙現代化計畫的核心。Bauman 指出了教育在啓蒙中所扮演的「人文化」歷程的角色，首先，這是一個透過沉浸與參與到文化之中能做得最好的永不完全的過程；其次，成爲一個人是一個學習的過程，其中，藉由知識「馴服」了自然的本性並以理性加以取代；最後，學習必須暗示著教學，因爲人文化的過程必須是審慎、有系統，且在控制之中的藉由「已知者」（教師或上一世代）來提供。換句話說，必須有正式教育的形式。而在正式教育的形式之下，世界以人類被教導的形式再現（Buman, 1992: 3）。而此同時，也賦予了宣稱擁有「真理、有效知識」者將真理

與有效知識傳遞給尚未擁有者且告訴他們「去做什麼，如何做，所要追求的目的與方式。」的合法性（Bauman, 1992: 9）。

準此，隨著啓蒙運動以來的現代性宏觀敘述，人文理性被認爲可以發現世界的真理以取代神話、信念與迷信，而走向心靈解放的道路，以發揚人的主體精神，人文精神的追尋遂爲啓蒙計畫的教育目的。教育也因此獲得了其正當性與合法性。當代國民教育的發展，可尋繹出此現代性的軌跡。

綜上所述，教育的對象是人，教育的目的即在於協助個人脫離愚昧無知與被蒙蔽的狀態，去發現、追尋與開創個人生命主體的意義、價值與理想。教育因而是人文的教育。然而，關於主體性發揚之人文精神追尋的思考，自六〇年代後現代主義興起後卻遭受到了挑戰與質疑。

參、後現代與人文精神的危機

西方社會在歷經二次大戰與戰後快速的復甦與發展後，從一九六〇年代起，就形成一種新的社會型態，此種社會型態是以資本主義爲主導；以高度工業成長爲目標，並朝向高科技電腦化世界發展，一般稱之爲「後工業主義社會」、「高度發展的資本主義社會」、「後現代社會」或「資訊社會」、「電腦化社會」。此種社會呈顯出來的是高度資本化、電腦化、科技化、商業化、擬像化、資訊化與全球化高度發展的後現代境況，在這樣瞬息萬變、資訊氾濫、知識半衰期益短的社會中，傳統上對於人之地位與知識性質的論述已有了極大的改變。尤其是當代人文主義的中心——人的主體性，更爲後現代主義所撻伐。

後現代主義者認為，傳統上所言之人的「主體性」，其實是虛幻的，是一種語言上的共識或是語言思考的結果，僅是「論述」（discours）的產物。Derrida 即指出，人的主體性是「在場哲學」所製造出來的虛幻假設，其藉由確立主體，以產生相對客體，而形成二元對立的世界觀。如此一來，對其他生物而言，人是主體，他者是客體，而導向與暗示人為宇宙中心，享有宰制與控制的力量。而不同人對他人而言，又是主體面對客體，遂也會產生中心的優位與邊緣的受制而成二元對立。近代西方文化霸權、殖民主義也都尋得此軌跡（Rosenau, 1992）。是以，現代性人文主義的教育主張在後現代看來，乃是憑藉著虛幻的人的「主體性」而來，其都指向某種絕對的中心主義思想，也形成宰制與壓抑，而非人文主義所要求之人類主體性的解放與啟蒙。

　　另外，由於電腦科技與網際網路的高度發展所帶來的資訊時代，也影響了傳統知識的兩個原則性的功能：知識研究的功能與知識傳遞的功能（Lyotard, 1984: 3-4）。就知識的研究功能而言，傳統知識研究的目的在追求真、善、美等終極價值，希望藉此發展理性、尋求主體解放並役使自然。而這樣的研究需要一個不受干擾而獨立的象牙塔，讓塔中人員可以專心致力於真理與知識的追尋，此即為當代大學。大學傳統上即被視為是一個追求並傳播一貫世界觀以提升理念並促進學生人性潛能發展的統一社群（Aviram, 1992）。而為了更接近真理，大學的知識研究者遂有必要尋求同儕社群的統合，並培養一批同樣有志於此的下一代，傳授該研究典範中的種種規則與語法，期待經由世世代代知識積累的不斷發展，能夠更接近真理，知識的傳遞遂成為大學的特質。

　　然而，由於電腦和網際網路系統無遠弗屆的穿透力、龐大複雜的儲藏能力與準確快速的處理能力，知識得以大規模移入並置

於電腦系統中，使得知識的積累更為大量，知識成為可操作的資料。而所有知識也必須「數位化」為電腦語言，方能掛上網際網路，遨遊流通於「全球電腦化」的後現代社會。「任何無法變成數字符碼而被儲存與流通的知識，都有被淘汰的可能，電腦因而在後現代社會中取得了優勢地位。」（Lyotard, 1984: 5-6）。

　　如此，傳統上經由心靈與智慧的內在訓練以獲得、分類、取得與開發知識的觀點，已被「知識是以外在符碼方式傳遞，教師與學習者則是成為『提供者』與『使用者』的商業關係，知識成為並被製造為商品販售。」（Lyotard, 1984: 4）的觀點所取代。換句話說，電腦化社會的知識不再以知識本身的追求與人文精神之心靈智慧的培育為最高目的，其已成為一種「商品」，並經由電腦資訊的管道販賣於各種網路上，任何人只要會運用電腦與網路，都可上網出價，獲取所需。電腦網路在今日已成為一種新的霸權形式，知識控制的機構遂從國家轉移至「知識網路」，「如同過去人類為控制領土而戰，今後人們將為資訊的控制權而戰。」（Lyotard, 1984: 5）。

　　因而在電腦霸權的世界中，知識不再是人文精神「陶成」（bildung）的工具或食糧，而是要求其有效性與實用性。於是關心的論題不再是「那是真的嗎？」、「那是公平的嗎？」或「道德上重要嗎？」，而是「那有效嗎？」、「可以賣嗎？」、「能轉譯成資訊量嗎？」（Steuerman, 1992）。

　　準此，由啟蒙運動所標榜之人文解放精神所形成的「後設論述的正當性已然過時，過去依附其上之形上學與大學制度，也相應的出現了危機。」（Lyotard, 1984: xxiv）人文精神亦隨之失落。是以，對於人文心靈與精神的再尋回與再發揚成為現代人致力的重要課題。

肆、失落人文精神的台灣教育

　　台灣的現代化教育約可視爲起於日據時代。日本占據台灣以前，台灣的教育狀況一如數千年來的中國傳統，乏善可陳。但日本統治台灣之後，台灣的教育即快速的發展（林玉体，民76：15）。日式教育雖大幅提高了國民教育的普及率並爲台灣教育奠下穩定的基礎，但由於其以不平等之殖民主義式的皇民化教育作爲目的，遂成爲控制台灣學生主體性靈的意識形態灌輸。而其具體的遺毒則爲反主體、反人本的體罰與升學主義，而這也成爲五十年來台灣教育最嚴重的問題之一。

　　民國三十八年國民政府播遷來台後，驅除日式皇民化教育，極力建立以中國傳統道統爲體的現代化教育，其實施依據係根據憲法一百五十八條：「教育文化，應發展國民之民族精神、自治精神、國民道德、健全體格、科學及生活知能。」而最爲基礎的國民教育也明定目標爲：「國民教育依中華民國憲法第一百五十八條之規定，以養成德、智、體、群、美五育均衡發展之健全國民爲宗旨。」表面上看來，教育著重在於「全人」的發展，頗符合人文精神。然而，由於現代化壓力與國家處境的因素，戒嚴下的教育制度成爲政府當局的禁臠與工具，而以一種較爲高壓、保守與封閉的方式來處理教育，遂使得數十年來的台灣教育產生種種問題：（410教改聯盟，民85）

　　1.管理主義：由於威權政治，反映在教育上即爲「管理主義」，
　　　欲藉教育統制人的思想言行。

2.升學主義：由於專制文化與管理主義，政府以培養菁英、規劃人力、實施分流、講求投資報酬率觀點辦理教育，逐成升學窄門，造成五育發展不均。

3.粗廉主義：由於政府長期偏重國防建設與經濟發展而輕視教育，使得教育資源不足，形成大班大校之粗廉辦學型態，影響教學品質。

這些問題都使得教育悖離了人文精神的本意，抑制了人文精神的張揚，早為人詬病。有志之教育學者亦早多已提出改革之道。惟因大環境未變，政治經濟環境使然，改革多僅於制度層面，而未深化至理念內涵。

而自一九八七年政府解嚴，台灣進入所謂後蔣經國時代，或李登輝時代之後，已逐漸擺脫過去強人政治的包袱，而以一種民主自由的新形象重新躍登世界舞台。隨著台灣經濟奇蹟的不斷成長，社會也逐漸的自由、多元與開放，台灣也已走向「高度發達的資本主義社會」；同時卻也感染了所謂的後現代性格，呈顯出反主體、反理性與反專業，轉向頌揚歧異、走向多元、追逐另類、享受感官、弭平深度的氣氛，而失去了中心的指導規範。八〇年代穿著破牛仔褲、一臉不屑的 Y 世代喊出了「只要我喜歡，有什麼不可以？」的反成人口號，標示著後現代「怎樣都行！」（anything goes!）之無中心主流論述的來臨。九〇年代以來，當初高唱「只要我喜歡，有什麼不可以？」的女歌手已嫁為人婦，走入家庭，取而代之的是穿著鼻環、繡著刺青、握著大哥大、玩著電腦網路，一臉冷漠，平敘無力說出「爸爸，我要錢！」的「N世代」（Net-generation，網路世代），其將 Jameson（1986）作為標示後現代重要特色之一的「平面化」表現的淋漓盡致。而隨著

大眾傳媒與電腦科技的推波助瀾，這一世代的年輕人，要享權利卻不願盡義務、把握目前卻不顧未來、重視感官卻不重心靈、看到表面卻不究深度。

而教育改革的腳步跟不上社會變遷的速度，無法在學校教育的內涵與歷程中適時提供學生充分發現自我意義、瞭解自我價值與開創自我未來，進而諧和他人、尊重他人與協助他人的機會，導致校園問題、社會問題不斷。如一九九八年發生的研究生情殺案、一九九九年發生的博士販毒案，在在都顯示出台灣教育偏執發展，沒有落實全人教育的結果，也突顯出教育在面對後現代多元聲音之紛亂吵雜時的無力感與人文精神的失落。

伍、重建與宏揚人文精神的新世紀台灣教育

為從根本改革此種非人文的教育景況，重拾人文精神。近年來無論是民間教改團體或是教育行政當局，也都大力疾呼回歸人本化為根基，人文精神為標的之教育理想。教育部於民國八十四年刊布之《中華民國教育報告書——邁向二十一世紀的教育遠景》中即指出，人文精神是以人為本位，抱持民胞物與的情懷，重視人性尊嚴追求個人價值，透過尊重、關懷、接納、包容的胸襟，達成四海一家的理想，人文價值的陶冶將是未來教育的主流（教育部，民 84）。行政院教育改革審議委員會於「教育改革總諮議報告書」中亦以人本化的全人教育作為改革方向之一，主張教育目的在培養受教者健全思想、觀念、情操、知識、技能及體能，發展個人潛能，以有效適應和創造社會文化（教改會，民 85）。近年來各種教育改革措施亦都朝向人性化、民主化、多元化的角

度進行，

　　而台灣教育在面對資訊爆炸、科技發達、社會變遷迅速、國際關係密切的二十一世紀時，必須強調培養學生具備人本情懷、統整能力、民主素養、鄉土與國際意識，以及能進行終身學習的健全國民（教育部，民 87）。教育遂需以人爲核心，關聯到人與自己、人與社會及人與環境，以學生爲主體，生活經驗爲重心，培養學生具備「學習知」（learn to know）、「學習作」（learn to do）、「學習共同生活」（learn to live together）與「學習發展」（learn to be）的能力以生存於新世紀（UNESCO, 1996）。

　　基於上述，於教育中再度強調並宏揚人文精神是必要的，也唯有回歸到人文精神，台灣教育才有出路，下一代才有希望。而人文教育的重建與宏揚可從以下方面著手：

一、轉化教育目的為解放與啓蒙

　　亦即教育應以學生本身心靈解放與啓蒙爲目的，建立「人爲目的而非手段」的觀念，接受教育是人自身發展與實現之所需，而非爲追求任何外在目的；並藉由反省批判，揭露遮蔽學生心靈之被扭曲的意識形態，協助學生掌握個人生活世界的可能與限制，而能培養學生自覺自主的人文精神。是以在進行教育時，教育者必須體認人爲目的的教育觀，包括：

(一)重視個人主體性

　　每個人都是獨特的存有，都是自主的主體，不可將個人視爲是客體，而必須重視其主體性，並協助學生主體性覺醒，成爲自主自律的人。

(二)強調個人價值性

　　每個人生存於世都有其價值，雖其係非自願被「拋擲」（wurf）至此世界，但亦因而在其存有結構有「反拋擲」（antiwurf）的性格，以不斷規劃並投出地發展個人潛能。而能不斷自我追尋，以瞭解自我在世的意義與價值。是以教育必須強調個人價值性，導引學生追求自我意義與價值。

(三)尊重個人意志性

　　人係具自由意志的存有，據此以選擇其在世存有的方式而能自我決定、自我追求、自我形成與自我實現。且因具有自由意志的選擇權，是以對於自身所選擇所導致的結果必須負起全盤責任。準此，教育必須尊重個人意志，在意志自由的前提下協助學生發展，而不可以強迫灌輸方式達成教育要求。

二、從人為中心出發的課程設計模式

　　人文精神教育的教材內容是以人為中心，漸擴展至人群、鄉土、社會、國家以迄世界村的發展模式。是以課程設計之中心為相關人之人文學科；為與環境諧和發展則需有自然科學知識之素養，而為完成諧和之人生，心靈層次的修養亦不可少。總之，人文教育的課程設計為「全人」的博雅教育，其目的在完成人的教育，步驟則自發展自我意志與潛能、諧和人際交往與溝通、關懷鄉土文化與處境、超越族群藩籬與隔閡以迄拓展全球眼界與胸襟。

三、我—汝關係的教學模式

　　人文精神的教育實踐以人為中心，師生間係以人與人的交往為起點進行教育，而非視彼此為「物」（it）而冷眼相待、相敬如「冰」。亦即師生間的關係是「我—汝」（I-thou），而非「我—物」（I-it）。其教學模式重視師生心靈的邂逅與對話，教育歷程則是師生視野的交融與開展，亦即所謂「教學相長」，師生在教學過程中其實都獲得成長。

　　綜上所述，教育的對象是人，教育本質原就在於人之主體性的啓蒙、揭露與發揚。而在面對人文精神失落的台灣後現代社會，也唯有藉由教育的力量，根本地變化後現代氣質，以提振人文精神、實踐人文理想，重尋人文尊嚴。而這也是台灣再邁入新世紀時所應致力的最重要課題。

參考書目

一、中文部分

四一〇教育改造聯盟（民 85），《民間教育改造藍圖》，台北：時報。

教育部（民 84），《中華民國教育報告書——邁向二十一世紀的教育遠景》，台北：教育部。

教育部（民 87），《國民教育階段九年一貫課程總綱綱要》，台北：教育部。

王立功（民 84），〈拉伯雷〉，載於趙祥麟主編，《外國教育家評傳》（一），台北：桂冠。

行政院教育改革審議委員會（民 85），《教育改革總諮議報告書》，台北：行政院教育改革審議委員會。

吳琅高（民 84），〈伊拉斯莫斯〉，載於趙祥麟主編，《外國教育家評傳》（一），台北：桂冠。

林玉体（民 76），《台灣教育面貌四十年》，台北：自立晚報。

郭爲藩（民 84），《教育改革的省思》，台北：天下文化。

聯合國教科文組織總部中文科譯（1996），《教育——財富蘊藏其中》，北京：教育科學出版社。

二、外文部分

Aviram(1992), The Human Concept of the University: a framework for postmodern higher education, *European Journal of Education,* 27(4).

Bauman, Z. (1992), *Intimations of Postmodernity.* London: Routledge.

Carr, W. (1995), Education and Democracy: enfronting the post-modernist challenge. *Journal of Philosophy of Education.* 29(1), 75-91.

Hollinger, R. (1994), *Postmodernism and the Social Sciences.* London:Sage.

Lyotard, J. F. (1984), *The Postmodern Condition: a Report on Knowledge.* Minneapolis: University of Minnesota Press.

Rosenau, P. (1992), *Postmodernism and the Social Science.* New Jersey: Princeton Press.

Steuerman, E. (1992), Habermas vs. Lyotard: Modernity vs. Postmodernity? in Andrew Benjamin (ed.), *Judging Lyotard,* pp.99-119. London: Routledge.

User, R. & Edwards, R. (1994), *Postmodernism and Education.* London: Routledge.

當前我國國民教育階段課程
改革探討──文化分析的觀點

姜旭岡

壹、前　言

　　文化結構、過程與目標，決定了教育的型態、制度與理想；
教育則反映文化結構、過程及目標，協助整體文化的更新。因此，
文化與教育之間，存在著一種層層相因，息息相連的交互關係（田
培林，民 74：100）。因此，教育體制受到文化的影響，是一項不
爭的事實；作爲容納文化精華的課程受到文化內涵或力量的影響
更是不言可喻。基此，決策當局如何從更大的角度── 整個文化
生態與結構的觀點，來權衡課程發展與改革，有其必要與必然性。
本文首先探討文化與文化分析的內涵，進而分別描述文化分析觀
點之教育與課程主張及影響，接著從文化分析的觀點，對我國國
民教育現階段課程改革的焦點 ── 九年一貫課程綱要的設計進行
省思並擬具可行建議以供參考。

貳、文化與文化分析

對於文化（culture）一詞的釋義，各家說法不一。在字典上的解釋，它是指某一社會中人們所共享與接受的觀念、信仰與習俗。此外，就中西方學者的觀點而言，田培林（民 65：3-11）認為文化就是人類所創造出來的「文化材」；林清江（民 70：163）把文化視爲一種社會規範的體系；而 Jenks（1993：11-12）在其名爲《文化》（*Culture*）一書中，特別強調人類本質上無法獨立於文化之外，論及文化概念的根源，可歸納爲下列四大類型：

1. 文化即一種理智的或認知的範疇（a cerebral or cognitive category）：把文化視爲達致人類完美理念、個體成就或解放等目標上的一種可被認知的普遍心靈狀態。
2. 文化即一種較具體化與集體的範疇（a more embodied and collective category）：此種文化觀係採取一種集體生活，而非個別意識的立場。
3. 文化即一種描述與具體的範疇（a descriptive and concrete category）：文化被視爲任何社會中，一種藝術與知識作品的整體（body）。
4. 文化即一種社會的範疇（a social category）：文化即人們生活方式上的整體表現。

從上述就文化定義的分析可知，文化可能是所有用之於歷史社會科學中最寬廣的概念，它涵蓋極大範疇的內涵（Wallerstein, 1991: 158-158），質言之，文化是一種複合的概念（a complex concepts ），而不是用一種邏輯釐清的理念（Hall, 1994: 522）。課程設計應建立在這個概念基礎上。

至於，本文所指的文化分析係指從文化觀點來看問題而言，包括比較教育歷史文化分析時期的比較教育學者所持的理論，例如 A. Moehlman、F. Schneider 等；德國傳統的文化分析學者的教育思想，例如 E. Spranger；英國課程的文化分析學者 D. Lawton；以及 R. Williams、R. Hoggart、E. P. Thompson 等人為首的文化研究（cultural studies）。此處，擬先就「文化研究」運動的形成與影響作一扼要敘述，其他有關文化分析觀點之教育與課程主張容後再述。

文化研究係出現於一九五○年代中葉的一種針對特殊存疑問題（distinctive problematic）加以探究的運動。文化研究運動的推動之一的 Hoggart，主要係採取一種「文化論辯」（culture debate）的參照模式，針對「大眾社會」（mass society）加以辯論。此反映出「實踐批判」（practical criticism）的精神，它「解讀」（read）出工人階級文化的獨特價值與意義，視為另一種活文化（a living culture）的「文本」（texts）。而 Williams 則針對長期的傳統加以重建，包括對存於社會、經濟及政治生活中變遷上大量重要與延續反應上的記錄，並提供一種特殊種類的地圖（map），以深入探究其變遷本質（Hall, 1994: 520-522）。另外，Thompson 則意圖透過歷史工人階級的歷史考察，重寫被「官方」話語遺漏的歷史，此對「文化研究」運動的促進與發展亦有直接而深遠的影響（孫紹誼，1995：72）。至於「文化研究」的制度化則應歸功於英國伯明罕大學所成立的伯明罕當代文化中心（Centre for Contemporary Cultural Studies; CCCS）在理論與方法論上的努力。

參、文化分析觀點之教育與課程主張

　　為進一步勾勒出文化分析觀點下的教育與課程圖像。以下分別從幾位具有代表性學者的立論，包括 N. Elias 的符號理論（symbol theory）、E. Spranger 的文化教育思想、A. Moehlman 的文化區域研究、F. Schneider 的教育動力因素論及 D. Lawton 的課程設計與文化分析等面向，加以說明。

一、文化是人類學習的主體

　　Elias（1991: 36-49）的符號理論，以語言的學習為例證，指出人類的行為與社會、文化之間具有密切的關係。Elias 認為許多動物天生即具有以聲音類型進行溝通的機制，但是只有人類的聲音類型具有語言特性或社會符號的性質，這種特質並非源自於動物本能的生物機制，而是個體藉由「學習」所獲致，這種習得的聲音類型與其他生物的記號系統不同之處，可歸為三方面：(1)必須經由個別學習而獲致；(2)隨社會（文化）的不同而不同；(3)在相同社會中隨時間而改變。

　　總之，Elias 的「符號理論」特別強調，人類是藉由語言的學習來自我融入社會、文化、環境中，文化乃是人類學習的主體。

二、教育即高度成熟的文化

　　德國文化教育學者 Spranger 從精神發展的觀點出發，認為追

求價值的精神，爲一切實在的根本。其「精神類型」分爲「客觀
的精神」，如科學、藝術、經濟、宗教、法律、道德等文化，這
種客觀精神是個人主觀精神之價值體驗的客觀化，形成一種文化
關聯，存續於歷史文化中；「主觀的精神」，這是客觀精神投射於
個人的體驗後，所引起的價值追求的生命力；「絕對精神」是超
越個人，超越歷史的價值本體（田培林，民 65：471）。

　　Spranger 精神發展的觀點，反映在教育上，即視教育爲一種
藉客觀精神以完成其主觀精神，亦即，藉客觀的文化材來充實個
人生活，喚起其價值意識，進而創造新文化。Spranger 認爲，教
育者應細察受教者之本質及其價值傾向，才能使內在力量有最大
的發展。他依人類精神生活的活動方向，分爲六種「生活類型」
——「理論型」、「經濟型」、「審美型」、「社會型」、「權力型」、「宗
教型」；每一類型都表現出一種生活形態。教育應因性利導，促
進其價值的實現（田培林，民 65：472）。綜合上述，文化乃「人
類精神所創造出來的一切價值總體」。論及教育本質時，便認爲
「教育就是一種高度的文化」（田培林，民 65：3-11；賈馥茗，
民 68：187）。

三、教育植根於文化之中

　　Moehlman 是倡導文化區域及理論模式（cultural areas and
theoretical model）研究的比較教育學者。他深信，一種教育制度
係在本土文化中，建構成極其複雜的形式，因此，研究者有必要
採取包含文化與主題的兩種研究法。其理由（Jones, 1971: 75）：(1)
教育是深植於文化之中的；(2) 教育制度是深植於本土
（indigenous）文化之中的。Moehlman 也告訴我們，一個國家想

要達到卓越的境界，必須對教育制度中的各個要素加以改進。尤其重要的是，Moehlman 認爲以教育之導向（orientation）、組織（organization）與運作（operation）來比較教育制度的要素，是不夠的；必須再以文化分析的觀點追問：構成國家文化各個部分長期而廣泛的因素，是如何產生與解決教育制度中之主要問題的？（Jones, 1971: 77-79）

四、教育是民族賴以發展的文化資產

Schneider 認爲，教育制度問題的背後，有屬於形成民族文化的根源性之法則，他的動力因素論，強調教育與因素之間是互動的關係（楊思偉，民 85：26；Hans, 1967: 6）。Schneider 也援引許多的例證來說明動力因素對教育的影響，進而建立出各個影響因素與教育之間的通則；例如 Schneider 於《比較教育學》之〈民族教育形塑因素〉一章中，即根據對波斯、希臘、俄國、義大利與德國等的研究，提出以下的通則（轉引自謝斐敦，民 88：81）：

1.沒有發展文化的民族，其教育思想比較簡單，而文化發展蓬勃的民族，教育思想則趨向於多元化。
2.教育會順應社會需求而做出反應，只要有文化運動發生，教育運動乃應運而生。
3.文化風格改變，教育風格也會改變。
4.教育領域是文化整體的一部分。

總之，Schneider 認爲，教育民族賴以發展的文化資產，而且教育總是追隨著所有的文化運動（謝斐敦，民 88：80-81）。

五、課程即文化的選擇

　　Lawton（1989: 17）認為，在學校有限的時間與資源上，「課程」必須加以計畫，以確保在文化上的最佳選擇。Lawton 進一步指出，為了使課程設計建立在文化的合理選擇上，必須有選擇的歷程（process）或原則（principles），此種課程之文化選擇歷程，即所謂的「文化分析」。Lawton 強調，「文化分析」的歷程，就是一種價值脈絡中的證成（justification）理性探究過程，藉以延續優良的社會價值（如公平機會）或建立全體社會的人類基本價值及具有爭議性的多元社會價值（Lawton, 1989: 18）。有關文化分析在課程之文化選擇的方式（approaches）上，Lawton（1989: 18）指出兩種可能的方式：即分類（the classificatory）與解釋（the interpretative）的方式。但是 Lawton（1989: 19），也提醒我們，如果我們試圖採用分類的方式，把一種文化歸類成表格及清單，會冒過度簡化的危險；因此，只有著眼於整個文化上的解釋，才是正確可靠的途徑。

　　總之，Lawton 就是採用文化分析的方法來選擇課程與確立課程目標的，可見文化在課程設計上，具有無可取代的地位。

肆、當前課程改革之文化分析觀點的省思

　　以下再從文化分析的觀點，針對九年一貫課程綱要之課程改革背景與理念、課程設計目標與內涵、課程意識形態及課程實施等層面加以分析。

一、課程改革背景與理念方面

就世界整體文化的宏觀角度而言，當代世界體系明顯反映出一種多元論述的時代精神。台灣既為整個世界體系之一環，自無法免於此一大環境的影響，因此，亦展現出一種複雜變遷與多元開放的時代趨勢。面對國內外社會環境變遷與主客觀環境上的需求，社會各界以及學者專家紛紛對當前學校課程提出批判與質疑。為因應課程改革上的迫切需求，教育部乃採取全盤改造的改革模式（林生傳，民 88：23），於民國八十七年九月三十日公布「國民教育階段九年一貫課程綱要」（教育部，民 87），以滿足社會文化急速變遷上的需求（林生傳，民 88：5-7；陳伯璋，民 88：10），兼具培養跨世紀之健全國民為目的。

既然課程改革不能自外於社會文化的影響，因此，作為課程設計與實施所依據的「課程綱要」，實有必要兼從「文化」的層面加以考量。從文化的觀點思考，教育的實施應與學習者的社會文化脈絡相結合，尤應重視：文化傳承、價值傳遞、人類普遍與相對價值（Singleton, 1971: 27）；跨文化與文化差異（Giroux, 1996: 48-52）；心靈與人性和諧發展（Gehelen, 1980: 83; Jenks, 1993: 16-18）等內涵。因此，就九年一貫課程的理念依據而言，若能兼顧文化的普遍性，包括人性的發揚、普遍價值的傳遞、道德意識的提升等，以及文化的特殊性，包括本土文化與弱勢文化上的重視。則一方面可避免喪失自己原有文化脈絡「文化解體」（deculturation）的危險（Latouche, 1996: 76-77），並可重新創造一種特定的文化實體，達致一個具有人性普遍性之文化社會的理想（Wallerstein, 1990: 54; Wallerstein, 1991: 199）。

二、課程設計方面

論及課程目標的設定，Lawton（1989: 19-20）從分化分析的立場認為，必須考慮一些前提問題及遵循一定的分析步驟，才能掌握目前的文化現狀及瞭解過去的文化發展，並獲致最佳的課程選擇目的。其應考慮的四大問題為：(1)既存社會是一個什麼樣的社會？(2)此社會朝什麼方式發展？(3)如何設計才能符合社會成員的希望發展？(4)實現課程目標應包含哪些價值、原則及教育方式？上述問題釐清後，接著就是採取如下的實際步驟（如**圖一**）。

國民教育階段九年一貫課程綱要在課程設計上，明確揭示十項課程目標，具體列述現代國民所需十大基本能力，並提出七大學習領域為內容；以下擬採用上述 Lawton 的課程選擇模式，針

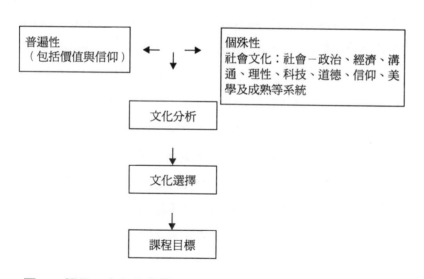

圖一　課程：文化的選擇
（整理自Lawton, 1989, pp. 20-21）

對我國九年一貫的課程設計，包括課程目標、基本能力、學習領域等內涵加以評述。

　　Lawton 四大問題的考慮，不但著眼於既存的社會，也考慮未來的社會及理想的社會，最重要的是如何實現「好國民」與「好生活」的課程目標。至於 Lawton 的分析步驟則特別強調社會文化中次級文化的分析，以訂定適合「自己」社會的課程目標。盱衡當今的社會，是一個多元民主、後現代、科技資訊、媒體影像及全球化的時代與社會，學校的教育若與社會脫節，將失去應有的意義，故課程與教學應能配合當前社會的步調及掌握未來社會的變動與發展。

　　文化分析觀點的課程設計應特別注重課程與學生經驗相結合，因為對文化研究而言，文本不能自外於歷史與社會脈絡中，教師應發展「情境依賴」（context-dependent）的學習方式，來連結學生的經驗（Giroux, 1996: 50）；因此，九年一貫課程綱要之統整課程理念設計是符合此項需求的，惟為適應時代變遷，學習領域應適時調整。然而，就文化的立場而言，健全國民的課程設計，應以人而非以「識」為重心（胡夢鯨，民 81：42-45），尤應特別注重身心成熟發展，包括身體、心靈、精神上的修養（culture）；由是，就「文化人」的培育而言，九年一貫課程所揭櫫的「基本能力」的培養似乎難臻其境，應兼重普通基本素養的涵養，才能克竟其功；因為此種素養係個人整體的運作基礎，亦是社會的共同基礎。此外，九年一貫課程設計亦不能忽略使用媒體與批判媒體的素養、涉及環境污染、核子戰爭等之價值教學及有關多元文化教育等需求上的考量。

三、課程意識形態方面

課程意識形態的研究，已廣受中外學者的重視。陳伯璋（民76：108）指出，有關課程與教學的微觀研究，尤其是圍繞在意識形態方面的探討，已成為「新」教育社會學研究的重點。歐用生（民 81：67-68）也認為，從知識社會的觀點來看，課程是意識形態的產物。Lawton（1980: 6）指出，整個文化上層結構，包含教育上課程控制的問題，成為資方與統治階級及價值的反映。Bernstein（1990: 14）則從知識與控制的觀點認為，意識形態是因社會權力、控制關係與地位結構所調節產生的特定世界觀。從上述學者對課程意識形態的觀點中可知，學校中的知識形式，不論是顯著或隱藏的，都與權力、經濟資源和社會控制有關。為了使學校教育提供真知，以及避免學童批判思考、價值判斷、社會參與等能力被矮化，對課程背後意識形態分析與批判，便成為課程改革上的重要工作。基此，九年一貫課程有必要針對潛在課程所隱含的知識觀、教學觀、評量觀加以檢討與批判。

整體而論，九年一貫課程設計以「綱要」取代「標準」，即意謂著中央與地方教育權責重新分配，上下從屬的強分類強架構關係漸趨弱化，地方政府與學校擁有更大課程自主空間。再就潛在課程中，加以分析，九年一貫課程傾向於生活經驗與學科統整為取向的知識觀、強調能力養成與學習者主體的教學觀，以及多元與效標參照的評量觀。由於從強架構強分類過渡到弱架構與弱分類存有適應上的困難，因此，如何於教學中，將特殊的意識形態轉化成知識或對學生有價值的經驗，就成了學校與教師首要考慮的課題。為了使「主體」在學習過程中較具意義及師生關係對

學習有正面的影響，陳伯璋（民 76：121-124）就特別指出，教師本身除了要避免「優勢」的影響外，也要對外在於教室或學校的意識形態加以反省和批判。此外，歐用生（民 88：20-31）也針對九年一貫課程所蘊涵的課程觀、知識觀、教學觀進行探討分析後強調，基於學習不能脫離社會脈絡，也不能脫離學習所在的文化，主張轉變能力的典範，揚棄行為主義的能力觀，轉變為交互作用和批判理論的能力觀。

四、課程實施方面

　　課程實施是將課程計畫付諸行動的過程，教育行政單位、學校、教師一定要注重課程實施，否則計畫再理想都無法實現。九年一貫課程綱要中也明定實施要點，包括學習領域教學節數、實施原則（基本原則與教材編輯、審查與選用）及評量等項目，目的就是希望落實課程實施，實現課程目標。就落實九年一貫課程的實施而言，可能面臨的最大挑戰就是如何落實學校本位課程發展理念的議題。基於課程的根本改革是一個文化重建的歷程（林生傳，民 88：25）。而有效的課程實施應著眼於下述五方面的改變：教材的改變、組織的改變、角色或行為的改變、知識和理解、以及價值內化（黃政傑，民 80：403-404）。可見成功的課程實施需要經歷一種深化與改變的過程；從組織文化的觀點而言，就是一種全方位的學校文化塑造歷程（康自立、許世卿，民 88：183）。可見，塑造學校文化藉以落實學校本位的課程發展理念是一條紮實且穩固的路徑。

　　Skilbeck 認為以學校為本位的課程發展（school-based curriculum development）係一種線性系列的活動（a linear sequence of activities），整個活動從情境分析（situational analysis）開始，到目標形成（goal formation）、方案確立（programme building）、解釋與實施（interpretation and implementation），最後以監控、回饋、評鑑與重建（monitoring, feedback, assessment, reconstruction）完成之（Blenkin et al., 1992: 112）。基此，學校本位課程發展的實施，學校可以從文化分析著手，先對校園文化作前導評估（林清江，民 85：439），亦即，針對學校現存組織環境進行情境分析，以瞭解現存文化與所欲塑造之文化的差距，作為日後擬定改革計畫及推動組織的依據。其次，再透過校長領導及全校師生的共同投入，來形成課程目標、確立與實施方案、進而評鑑與重建課程方案。Kotter（1996: 8）認為領導改變（leading change）最關鍵也是最困難的一個步驟就是改變文化（changing cultures）；然而，只有改變舊文化才能形塑新文化。此外，Lawton（1986: 116）也強調學校本位課程（a school-based curriculum）的設計，應該將「教師所能提供的學科」與「學童最重要的學習經驗」緊密結合，因此它是「學生中心的」（child-centred），同時也是「教師中心的」（teacher-centred）。就此而論，課程發展的變革活動需要師生共同的投入。

伍、結論與建議

茲依據上述我國當前課程改革在文化觀點上的分析，提出下列結論與建議。

一、結 論

(一)在課程改革背景與理念上

　　九年一貫課程之設計，乃爲滿足社會文化急速變遷之需。既然課程改革不能自外於社會文化的影響，作爲課程設計與實施所依據的「課程綱要」，實有必要兼從「文化」的角度加以考量，才能使課程設計得更爲適切與周延。就文化分析的觀點而言，若能兼顧文化的普遍性及特殊性，則可免於文化解體的危險，並可重新創造一種具有人性的普遍性文化實體。

(二)在課程設計上

　　九年一貫課程設計，明確揭示十項課程目標，具體列述現代國民所需十大基本能力，並提出七大學習領域爲內容，就 Lawton 的課程即文化選擇的觀點而言，課程設計應特別與學生經驗相結合，衡諸九年一貫課程綱要所強調的統整課程理念，正與此觀點相符，惟爲適應時代需求，學習領域應適時調整或擴增，此外，就九年一貫課程設計所依據的「能力觀」而言，似乎趨於褊狹，而未能達致培育健全國民的教育目標，因此，除基本能力的培養外，應兼顧身體、心靈、精神等身心成熟發展之普通基本素養上的涵養；也應重視媒體素養、價值教學及多元文化教育上的實施。

(三)在課程意識形態上

　　有關學校中的知識形成，不論是顯著或隱藏的，都與權力、經濟資源和社會控制有關。爲了使學校教育提供真知，以及避免學童批判思考、價值判斷、社會參與等能力被矮化，對課程背後

意識形態分析與批判，便成為課程改革上的重要工作。整體而論，九年一貫課程設計以「綱要」取代「標準」，即意謂著上下從屬的強分類架構有逐漸弱化的趨勢，但是，從強架構強分類過渡到弱架構弱分類存有適應上的困難，因此，「主體」在學習過程中較具意義及師生關係對學習有正面的影響，就成了教師應該關心的焦點。

(四)在課程實施上

就九年一貫課程的實施而言，可能面臨的最大挑戰就是如何落實學校本位課程的發展問題。然而課程的根本改革是一個文化重建的歷程，因此，塑造學校文化以落實學校本位的課程發展理念是一條紮實且穩固的途徑。基此，學校本位課程的發展實施，可先從校園文化的分析著手，再透過校長領導及全校師生的共同投入來形塑新文化，使課程的實施導向成功之境界。

二、建　議

首先，在九年一貫課程改革之基本理念上，應把文化的普遍性與特殊性納入。在文化的普遍性上應重視人性的發揚、普遍價值的傳遞（利他思想與公益服務）、道德意識的提升等；在文化的特殊性，應強調本土與弱勢文化上的照顧，尤其是原住民兒童、女性兒童、貧窮家庭子弟，以及社經不利兒童在社會正義與教育公平上的考量。

其次，在九年一貫課程國民教育階段課程目標上，應兼顧身體、心靈、精神等身心成熟發展之普通基本素養上的涵養，才能真正培育出符合社會與時代需求的健全國民。單就基本能力的培

養上，亦應特別重視使用媒體與批判媒體及分析資料、系統思考以及預測未來等能力上的培養，才能培育出現代國民所需的基本能力。

第三，在九年一貫課程國民教育階段課程學習領域上，應涵蓋全球人類共同問題的瞭解與解決，以及多元文化教育上的需求。教師應有整體課程（whole curriculum）的教學責任感，才能與其他教師共同統整學科領域資訊；為了實踐以學生為主體的課程改革理念，教師本身除了要避免「優勢」（成人權威）的影響外，也要對外在於教室或學校的意識形態加以反省和批判。此外，整個課程領域亦應隨社會變遷與時代需求適時調整。

最後，在九年一貫課程的實施上，應透過校長領導與全校師生的共同投入，來形塑落實九年一貫課程的新文化，使課程的實施導向成功之境界。

參考書目

一、中文部分

田培林（民 65），《教育與文化》（上冊），台北：五南。

田培林（民 65），《教育與文化》（下冊），台北：五南。

林清江（民 70），《教育社會學新論》，台北：五南。

林清江（民 85），《教育理念與教育發展》，台北：五南。

林生傳（民 88），〈九年一貫課程的社會學評析〉，載於中華民國課程與教育學會主編：《九年一貫課程之展望》，台北：揚智文化，頁 3-28。

胡夢鯨（民 81），〈從通識教育到成人教育——課程理念的合理轉化〉。載於中華民國課程與教育學會主編：《各國中小學課程比較研究》，台北：師大書苑，頁 35-59。

孫紹誼（1995），〈通俗文化、意識形態與話語霸權——伯明罕文化研究學派評述〉，《當代》，114，頁 68-89。

教育部（民 87），《國民教育階段九年一貫課程綱要》。

陳伯璋（民 76），《課程研究與教育革新》，台北：師大書苑。

陳伯璋（民 88），〈九年一貫課程理念與理論分析〉，載於中華民國教材研究發展學會主編：《邁向課程新紀元》（上），台北：中華民國教材研究發展學會，頁 10-18。

康自立、許世卿（民 88），〈從組織文化觀點論九年一貫課程之學校改革〉，載於中華民國課程與教育學會主編：《九年一貫課程之展望》，台北：揚智文化，頁 173-194。

黃政傑（民 80），《課程設計》，台北：東華。

賈馥茗（民 68），《教育概論》，台北：五南。

楊思偉（民 85），《當代比較教育研究的趨勢》，台北：師大書苑。

歐用生（民 81），《開放社會的教育改革》，台北：心理出版社。

歐用生（民 88），〈九年一貫課程之「潛在課程」評析〉，載於中華民國教材研究發展學會主編：《邁向課程新紀元：九年一貫課程研討會論文集》（上）。台北：中華民國教材研究發展學會，頁 19-33。

謝斐敦（民 88），Schneider，〈比較教育思想研究〉，國立暨南國際大學比較教育研究所碩士論文（未出版）。

二、外文部分

Bernstein, B. (1990). *The structuring of pedagogic discourse. Volume IV*. London：Routledge.

Blenkin, G. M., Edwards, G., & Kelly, A. V. (1992). *Change and the curriculum*. London：Paul Chapman.

Elias, N. (1991). *The symbol theory*. London：SAGE.

Gehelen, A. (1980). *Man in the age of technology*. N.Y.：Columbia University Press.

Giroux, H. A. (1996). Is there a place for cultural studies in colleges of education？In H. Giroux, C. Lankshear, P. Mclaren and M. Peters (Eds), *Counternarratives：Cultural studies and critical pedagogies in postmodern spaces* (41-58). N. Y.：Routledge.

Hall, S. (1994). Cultural studies: Two paradigms. In N. B. Dirks, G. Eley, S. B. Ortner (Eds.), *Culture, power, history* (520-538). Princeton, N.J.: Princeton University Press.

Hans, N. (1967). *Comparative education: A study of educational factors and traditions.* London：Routledge & Kegan Paul.

Jenks, C. (1993). *Culture*. London：Routledge.

Jones, P. E. (1971). *Comparative education: Purpose and method.* Queensland: University of Queensland Press.

Kotter, J. (1996). *Leading change*. Middlebury: Soundview Executive Book Summaries.

Latouche, S. (1996). *The westernization of the world.* Translated by Rosemary Morris. Cambridge: Polity.

Lawton, D. (1980). *The politics of the school curriculum.* London: RKP.

Lawton, D. (1986). *School curriculum planning.* London: Hodder and Stoughton.

Lawton, D. (1989). *Education, culture, and the national curriculum.* Lonton: Hodder and Stonghton.

Singleton, J. (1971). *Contribution of anthropology to basic research in education.* Philadelphia: AAAS's Symposium.

Wallerstein, I. (1990). *Culture as the ideological battleground of the modern world-system.* In M. Featherstone (Ed.), *Global culture: Nationalism, globalization and modernity* (31-55). London：Sage.

Wallerstein, I. (1991). *Geopolictics and geoculture：Essays of the changing world system.* UK: Cambridge University Press.

我國國民教育經費補助制度的回顧與前瞻

丁志權

壹、前　言

民國八十八年七月一日，隨著台灣省政府組織功能精簡，我國政府體制進入新的階段。自八十六年七月二十一日總統公布憲法增修條文，凍結憲法第一百六十四條之規定，結束了過去五十年來憲法對教科文預算的保障。近二年來先後公布了七項教育財政相關法律：修正預算法、台灣省政府功能業務與組織調整暫行條例、修正財政收支劃分法、地方制度法、國立大學校院校務基金設置條例、修正國民教育法、教育基本法。這些法律使得我國各級政府教育權責發生改變，財政收支重新劃分，教育財務運作制度發生變化。因此，我國新的教育財政制度亟待建立。

六十八年五月公布國民教育法後，國民教育經費財源已經確定，補助計畫也較為完整，因此，本文乃從六十五年七月一日開始推動的「發展與改進國民教育五年計畫」為探討的起點。分析內容主要分為建築設備補助、人事費補助、統籌分配稅款等三方面。最後，提出六點意見，供有關單位參考。

貳、國民教育建築設備補助

一、發展與改進國民教育三大計畫

政府自六十五年七月一日起至八十一年六月三十日止，在十五年期間，先後規劃發展與改進國民教育五年計畫、發展與改進國民教育六年計畫、發展與改進國民教育四年計畫（原名稱爲「發展與改進國民教育第二期六年計畫」，後來提前於四年完成）等三大計畫，對國民教育條件的改善與品質的提升，影響深遠（丁志權，民 76；施能傑，民 83；蓋浙生，民 88）。

(一)發展與改進國民教育五年計畫

1.實施期間：六十六會計年度至七十一會計年度（六十五年七月一日至七十一年六月三十日）。

2.計畫目標：
- 保障學童安全，促進學童健康。
- 增進學習效果，提高教育素質。
- 繼續提高國民中學學童就學率。

3.經費來源：本計畫共投資九十四億四千三百萬元，其中，中央支出二十三億六千九百萬元，占 25.1%；台灣省政府支出二十一億六千五百萬元，占 22.9%；台灣省各縣市政府支出十二億九千萬元，占 13.7%；台北市政府支出三十二億元，占 33.9%；高雄市政府支出三億九千五百萬元，

占 4.2%；金馬地區支出兩千四百萬元，占 0.2%。

(二)發展與改進國民教育六年計畫

1.實施期間：七十二會計年度至七十七會計年度（七十一年
七月一日至七十七年七月三十日)。

2.計畫目標：

・五年計畫已有基礎上，繼續充實「硬體」設備，以改善
教學環境及條件。

・注意「軟體」發展，改進課程內容、教學方法、訓育措
施與輔導活動，以提高教育素質。

・兼顧各地區之經濟條件與實際需要，統籌規劃，使各國
民中小學水準趨於平衡。

3.經費來源：中央統籌辦理十二項，總經費一百九十二億元。
省市及縣市自行辦理部分八項，共計四百六十七億元。中
央與地方合計為六百五十九億元。教育部與教育廳對各縣
市補助分為六個等級，五個省轄市補助的比率最低，為
54%；澎湖縣最高，為 79%。

(三)發展與改進國民教育四年計畫

1.實施期間：七十八會計年度至八十一會計年度（七十七年
七月一日至八十一年六月三十日）。

2.計畫重點：

・加強衛生保健措施，維護學童安全與健康。

・充實偏遠地區教育設施，建立教育福利制度。

・發展特殊教育實施有教無類、因材施教理想。

・改善教學環境與設備，提升教育品質。

表一　發展與改進國教三大計畫財源　　　　　　　　　　　　單位：億元

計畫別與期間	合計金額	中央		台灣省		各縣市		北高金馬	
		金額	%	金額	%	金額	%	金額	%
五年計畫(66-71)	95	24	41%	23	40%	13	14%	36	38%
六年計畫(72-77)	659	192	29%	省與縣市		321	49%	146	22%
四年計畫(78-81)	581	395	68%	93	16%	93	16%	--	--

資料來源：丁志權（民88：102）。

　　‧改進教育內容與方法，提高教育效果。

　3.經費來源：中央統籌辦理八項，總經費三百九十五億元。地方政府自行辦理五項，其中兩項由省府負擔50%。

　　根據上述，將發展與改進國民教育三大計畫之財源列如**表一**，並進一步歸納三項要點：

　1.中央補助金額增加趨勢：五年計畫投入經費總額二十四億元，平均每年四億八千萬元；六年計畫投入經費總額一百九十二億元，平均每年三十二億八千萬元；四年計畫投入經費總額再增加至三百九十五億元，平均每年九十八億八千萬元。十五年期間共計投入經費六百一十一億元。

　2.在財源方面：主要由教育部統一規劃，訂出重點項目，其財源則由中央與地方共同負擔。主要補助對象為台灣省各縣市，台北市與高雄市則配合執行，但大多自行負擔經費。

　3.為瞭解執行成果，每一計畫執行完畢，均由教育部辦理考評。

　　如上所述，發展與改進國教三大計畫補助的特徵有三：

1. 中央主導，補助硬體設施：補助計畫之項目由教育部整體
   規劃，省及縣市配合執行。補助項目主要均集中在硬體設
   施的改善，效果甚獲肯定，但部分補助無法契合各別學校
   需求，造成浪費現象，時有所聞。

2. 採配合款補助方式：上述三個補助計畫，均採配合款補助
   方式中的封閉配合（closed ended matching）補助，補助款
   及各級政府配合款比率均由教育部訂定。

3. 考量縣市財力差異：在六年計畫中，對各縣市的補助標準
   分為六級，其中教育部與教育廳對五個省轄市的補助比率
   最低，為 54%；而對澎湖縣的補助比率最高，為 79%。

二、校務發展計畫

教育部於民國八十一年八月五日發布「教育部補助地方國民
教育經費作業要點」，要求各國民中小學研訂校務發展計畫，送
請縣市政府教育局與省教育廳審核，以作為補助款核撥之依據，
並要求各縣市政府應於八十一年七月底前，設「教育部補助款專
戶」，以達專款專用之目的。依據該要點第二點規定，該補助款
以補助台灣省、高雄市、金門、馬祖地區之國民中、小學為對象，
並用以支應各學校除人事費、經常維持費及土地徵收費用以外之
各項軟、硬體設施所需經費。有關人事費經常支出之補助，其性
質屬於平衡省市財政收支短差，非本補助款補助範圍。惟其預算
則由行政院編入「平衡省市預算基金」科目項下，省府應於動支
前擬其經費支用計畫，送經教育部審核後，連同其配合款部分納
入預算辦理（《教育部公報》，213 期，民 81）。其次，教育部
自八十二年度（即八十一年七月一日起）起，對於各縣市校務發

展計畫經費的補助，採公式分配，以各縣市國民中小學人事費、學校數與班級數占全省比率之平均數計算，其公式如下：

某縣市補助金＝〔（人事費占全省之％＋國中與國小學校數占全省之％ ＋班級數占全省之％）／3〕× 補助台灣省之年度總經 費數

　　依據教育部八十二年十月八日核定八十三會計年度補助台灣省各縣市國民教育經費執行「台灣省各縣市校務發展計畫」經費額度爲一百九十五億元。該年度優先執行項目共有十六項：(1)中央及省市政府年度重要新興計畫；(2)消除國民小學二部制教學；(3)增改建國民中小學資源班；(4)增改建普通教室（含危險教室之重建及消防栓設施）；(5)增改建國民中小學專科教室及其教學設備（含視聽教室）；(6)改建飲用水設施（含地下水井、管線改善）；(7)全面更新國民中小學課桌椅；(8)增改建偏遠地區國民中小學教師單身宿舍及學生宿舍；(9)增改建國民中小學現代化廁所；(10)改善排水、填土、護坡、圍牆及車棚工程；(11)改善國民中小學衛生保健、燈光照明設備；(12)增改建圖書館室及其圖書設備；(13)增改建國民中小學運動場；(14)增改建國民中小學活動中心(含風雨操場）；(15)改善國民中小學噪音工程；(16)興建國民中小學游泳池。

　　上述優先順序第一項至第八項，省市教育廳局優先先執行，其餘項目可依省市教育廳局及省市政府之教育發展需求及特色，彈性調整。惟縣市政府應擬訂具體實施計畫，函請教育廳審核後，轉部核備執行（《教育部公報》，227 期，民 82）。

　　表二爲八十三會計年度教育部補助各縣市校務發展計畫補助金計算，根據該表可歸納四項要點：

表二　八十三會計年度教育部補助各縣市校務發展計畫補助金計算

縣市別	人事費		學校數		班級數		三個%平均	補助金額(百萬元)	學生數(千人)	每生補助(千元)
	金額	%	校數	%	班數	%				
合　計	77850		2842		65599		100%	19500		
台北縣	13089	16.6	258	9.1	12258	18.7	14.9	2898	526	5.5
宜蘭縣	2123	2.7	101	3.6	1770	2.7	3.0	584	69	8.4
桃園縣	7740	9.9	189	6.7	5520	8.4	8.3	1625	248	6.6
新竹縣	2045	2.6	102	3.6	1622	2.5	2.9	565	59	9.5
苗栗縣	2923	3.8	146	5.1	2265	3.5	4.1	802	81	9.9
台中縣	5380	6.9	181	6.4	5298	8.1	7.1	1388	232	6.0
彰化縣	5600	7.2	205	7.2	4886	7.5	7.3	1421	212	6.7
南投縣	2582	3.3	180	6.3	2312	3.5	4.4	856	81	10.5
雲林縣	3060	3.9	185	6.5	2958	4.5	5.0	972	106	9.1
嘉義縣	2728	3.5	158	5.6	2095	3.2	4.1	797	67	12.0
台南縣	4922	6.3	215	7.6	3909	6.0	6.6	1290	147	8.8
高雄縣	5139	6.6	178	6.3	4187	6.4	6.4	1251	171	7.3
屏東縣	4033	5.2	203	7.1	3523	5.4	5.9	1150	133	8.7
台東縣	1829	2.4	123	4.3	1276	2.0	2.9	560	34	16.4
花蓮縣	1894	2.4	125	4.4	1541	2.4	3.1	597	50	11.8
澎湖縣	833	1.1	55	1.9	478	0.7	1.2	243	14	17.9
基隆市	1952	2.5	52	1.8	1282	2.0	2.1	409	51	7.9
新竹市	1461	1.9	37	1.3	1253	1.9	1.7	331	51	6.5
台中市	3407	4.4	68	2.4	3307	5.0	3.9	768	142	5.4
嘉義市	1290	1.7	25	0.9	1044	1.6	1.4	268	42	6.4
台南市	3820	4.9	56	2.0	2815	4.3	3.7	726	118	6.1

資料來源：《教育部公報》，227 期，頁 10，蓋浙生（民 88：156）。

1. 就分配公式的要素言，係根據各縣市國民中小學人事費、
   學校數與班級數三項要素，這三項要素均爲需求面要素，
   並未考慮縣市財力的差異，受到不少批評。

2. 以各縣市補助款額度言，最多的是台北縣二十九億元，其
   次是桃園縣十六億元、彰化縣十四億元、台中縣十三億元。
   分配到補助款最少的是澎湖縣兩億四千萬元，其次是嘉義

市兩億七千萬元、新竹市三億三千萬元。

3. 以每生所分配得的補助款額度言，每生補助款最多的是澎湖縣的 17.9 萬元，其次是台東縣的 16.4 萬元、嘉義縣 12 萬元；每生補助款最少的是台中市的 5.4 萬元，其次是台北縣的 5.5 萬元。

如上所述，校務發展計畫補助特徵有五：

1. 凸顯設計計畫預算制度（PPBS）的精神：希望學校先建立中長期發展目標及年度計畫，使補助經費更能有效運用。

2. 縣市設立「教育部補助款專戶」：各縣市應自八十一年七月起，設立「教育部補助款專戶」，以確保補助款用於教育事務。

3. 考慮縣市教育需求，未考慮財力差異：補助款分配只考慮人事費、學校數與班級數三項要素，未考慮各縣市間的財力差異。但就實際分配結果顯示，每生所分配得的補助款最多的是澎湖縣、台東縣、嘉義縣等，而最少的是台中市、台北縣、台中縣等，亦頗能反應財力差異。

4. 採定額補助方式：就所規劃的項目，均採全額補助，並未要求縣市配合經費。

5. 整批補助方式：各縣市所辦理事項，只要是教育部補助計畫所列補助項目者，均可獲得補助，與美國聯邦政府所採「整批補助」（block grant）頗為相似，縣市自主空間大，較能契合地方與學校需求。

三、現行國民教育設施補助三大計畫

　　教育部八十八會計年度進行的國民教育設施補助計畫主要有三：(1)整建國中小學設施計畫；(2)教育優先區計畫；(3)資訊教育基礎建設計畫。這三個補助計畫重點仍以建築設備爲主，也包括部分教育活動補助。在建築設備方面，例如，整建國中小學設施計畫中，補助各種教室、廁所、圖書室、活動中心、免費教科書等；教育優先區計畫中，補助師生宿舍、交通車、午餐設備等；資訊教育基礎建設計畫中，補助電腦、連線設備等。在教育活動方面，例如，整建國中小學設施計畫中，補助親職教育、課業輔導等活動；資訊教育基礎建設計畫中，補助師資培訓。

(一)整建國中小學設施計畫

　　前述校務發展計畫補助自八十四會計年度起改爲「整建國中與國小教育設施計畫」，成爲行政院十二項建設計畫之一，執行期間自至八十四會計年度起，至八十九會計年度止。本計畫之目標有四：(1)使城鄉教育獲得更均衡發展；(2)整體改善國民中小學教育環境，達成健康、安全、適性與現代化的教育理想；(3)解決長期以來地方政府無法處理的教育問題；(4)落實各國民中小學校務發展計畫，增進學校行政人員宏觀的辦學理念。本計畫之內容有十一項：(1)增改建普通教室、專科教室；(2)充實國民中小學專科教室；(3)增修改建國民中小學現代化廁所；(4)改善國民中小學給（飲）用水設施；(5)改善國民中小學圖書室（館）；(6)興修建學生活動中心（含風雨操場）；(7)新修建國民中小學游泳池；(8)改善國民中小學教室照明設備；(9)改善國民中小學衛生保健；(10)

興修建國民中小學運動場及周邊設備；(11)免費教科書。

　　八十五會計年度本計畫補助金額爲一百七十億元，其後由於考慮縣市執行能量，且另有教育優先區、教育改革等其他計畫提出，本計畫已降至六十億元左右。教育部於八十六年六月十三日邀集各縣長政府代表研商修定，其修正重點有十：(1)將台北市納入規範對象；(2)將補助之計畫劃分爲甲、乙兩類；(3)規劃工作提早進行；(4)縣市核配給學校之年度補助款額度應審度縣市年度補助款額度及考量各該年度計畫執行進度及完工時程，無法執行之經費不該核給學校；(5)將縣市上一年度執行計畫之績效納入核定下一年度補助款額度之依據；(6)教育部核定經費之作業分兩階段，第一階段核定80%，第二階段核定20%；(7)依計畫執行進度撥款；(8)補助款應獨立設帳，分編報表；(9)計畫變更核定方式簡化；(10)補助款孳息及當年度未完成發包簽約之補助款應繳回國庫。此一修訂，對提升中央國教補助款之執行績效，具有實質的促進作用（國立教育資料館，民87）。

　　如前所述，本計畫是延續校務發展計畫而來，其補助項目均屬校舍建築與設備方面的補助爲主。其補助依據仍依校務發展計畫爲準，但補助總金額已由原來的每年一百九十五萬元，減至約六十萬元左右。

(二)教育優先區計畫

　　在教育優先區計畫方面，八十四會計年度時，教育優先區計畫經費八億元，僅就具有：(1)地震震源區或地層滑動區；(2)地層下陷區；(3)山坡及離島地區需要特別建造；(4)試辦國中技藝教育中心；(5)降低班級人數急需增建教室等五項特殊問題之學校予以專款補助，用以改善師生安全衛生及有關身心發展的教育環境，

並充實其教學設備，以期能營造較為合適的教育條件，進而達成適性發展之教育目標。秉承八十四會計年度教育優先區的試辦經驗，教育部自八十五年度起開始審慎規劃，擴大辦理「教育優先區計畫」，並擬定十項教育優先區指標，八十六會計年度再略加修訂。教育優先區計畫目標有五：(1)規劃教育資源分配之優先策略，有效發揮各項資源之實質效益；(2)改善文化不利地區之教育條件，解決城鄉失衡之國教特殊問題；(3)提升處境不利學生之教育成就，確保弱勢族群學生之受教權益；(4)提供相對弱勢地區多元化資源，實現社會正義與教育機會均等；(5)促進不同地區之國教均衡發展，提升人力素質與教育文化水準。

　　八十五至八十七會計年度本計畫第一階段結束，八十八會計年度教育優先區指標修正，減為七項：(1)原住民及低收入戶學生比例偏高之學校；(2)離島或特殊偏遠交通不便之學校；(3)隔代教養及單(寄)親家庭等學生比例偏高之學校；(4)中途輟學率偏高之學校；(5)青少年行為適應積極輔導地區；(6)學齡人口嚴重流失地區；(7)教師流動率及代課教師比例偏高之學校。補助項目亦減為七項：(1)開辦國小附設地區性幼稚園；(2)推展親職教育及學校社區化教育活動；(3)補充文化不利地區學校課業輔導及發展教育特色；(4)充實原住民教育文化特色及設備器材；(5)修繕偏遠或離島地區師生宿舍；(6)興建學校社區化之活動場所；(7)補助交通不便地區學校交通車;(8)供應地區性學童午餐設施(教育部，民88)。

　　教育優先區計畫之補助作業，先由學校個別申請，其次，各縣市政府審核並彙整後報教育廳，再由教育廳審查後報教育部核定。八十五會計年度補助金額為三十億元，八十六會計年度為四十億元，八十七會計年度補助金額為五十億元（蓋浙生，民88）。

　　綜合上述，教育優先區計畫的特徵主要有二：(1)將補助對象

指標化，使教育經費分配與施政目標結合；(2)補助項目除硬體設施外，也包括教育活動補助。

(三)資訊教育基礎建設計畫

為加速推動資訊教育基礎建設，擴大資訊產品的需求，且由學校內的資訊教學進而擴大帶動家庭對電腦的需求，促進資訊與通訊產業界的發展，乃提報「資訊教育基礎建設計畫」擴大內需追加預算案，八十八年度共追加預算六十四億七千二百三十萬元，將計畫原訂於民國九十年六月完成的短期目標，提前二年（至八十八年六月）速成，使所有國民小學皆有電腦教室並能上網，並且加速培訓所有的中小學教師具備資訊基本素質，使資訊教育向下紮根。

「資訊教育基礎建設計畫」擴大內需方案重點工作有八：(1)補助中小學資訊教學軟硬體設備；(2)補助中小學連線設備建置及偏遠地區學校通信費用；(3)補助中小學在職教師資訊應用培訓費用；(4)補助設置國中小及高中職資訊教育軟體與教材資源中心；(5)補助資訊推廣重點學校購置兩部可移動式電腦費用，每縣市四所重點學校；(6)推動台灣學術網路（TANet）到中小學，補助各縣市教育網路中心、連線機房及各網路中心設備費、運作維護費及業務推廣費等；(7)補助無障礙電腦工作站供特殊學校使用；(8)補助九所師範學院購置電腦教學設備。各縣市應於八十八年六月前完成設備驗收。

如上所述，「資訊教育基礎建設計畫」的特徵主要有三：(1)配合擴大內需的臨時性措施（提前二年完成）。(2)補助項目除電腦設備外，還包括師資培育，更能發揮補助金的效果。(3)最短時間內，全面提升國民中小學資訊教育品質。

參、國民教育人事費補助

民國六十九年行政院公布的「改善地方財政方案」,台灣省政府於七十年七月公布「改善地方財政方案台灣省執行要點」。該要點規定縣市國民教育經費超過縣市總預算40%部分,由省依計算標準核撥支應,其核撥補助之款應屬省教育支出。其公式為:

國民教育經費超過40%部分＝國民教育經費基本需求數－(前年度縣市
歲出決算＋上年度及本年度預算成長數)×40%

七十二年五月「改善地方財政方案」加以修正,「改善地方財政方案台灣省執行要點」亦隨著修訂。在國民教育經費方面最大的改變是,刪除了國民教育經費超過縣市總預算40%部分由省補助之規定。依據台灣省政府財政廳七十一年公布對各縣市國民教育經費補助辦法,是以各縣市稅課收入占國民中小學人事費的百分比來計算,分為六級:(1)稅課收入占國民中小學人事費比率在110%以上的五個省轄市不予補助;(2)稅課收入占國民中小學人事費在80%至109%之間者,按其國民中小學人事費額度補助其14%至15%;(3)稅課收入占國民中小學人事費在60%至79%之間者,按其國民中小學人事費額度補助其19%至20%;(4)稅課收入占國民中小學人事費在40%至59%之間者,按其國民中小學人事費額度補助其24%至25%;(5)稅課收入占國民中小學人事費在20%至39%之間者,按其國民中小學人事費額度補助其29%至30%;(6)稅課收入占國民中小學人事費在20%以下者,按其國民中小學人事費額度補助其34%至35%。

七十二會計年度的補助金額爲五十四億元，其分配額度計算仍根據縣市國教經費超過40%的計算方法。七十三會計年度起，各縣市稅課收入占國民中小學人事費的百分比來計算，其補助金額爲五十四億元，七十六會計年度爲六十九億元，八十一會計年度爲九十億元，八十二會計年度爲九十五億元（丁志權，民76；丁志權，民82；蓋浙生、陳麗珠，民83）。

表三　行政院七十五與八十六會計年度對各縣市教育人事費補助

單位：百萬元

縣市別	補助人事費之比率	75會計年度補助		86會計年度補助	
		金額	%	金額	%
合　計		6600	100%	9540	100%
台北縣	14%~15%	1215	18.4%	1250	13.1%
宜蘭縣	24%~25%	252	3.7%	381	4.0%
桃園縣	14%~15%	423	6.1%	687	7.2%
新竹縣	29%~30%	237	3.4%	329	3.4%
苗栗縣	24%~25%	308	4.5%	409	4.3%
台中縣	14%~15%	394	5.7%	638	6.7%
彰化縣	24%~25%	622	9.0%	876	9.2%
南投縣	29%~30%	344	5.0%	455	4.8%
雲林縣	29%~30%	426	6.2%	623	6.5%
嘉義縣	29%~30%	339	4.9%	492	5.2%
台南縣	24%~25%	482	7.0%	749	7.9%
高雄縣	19%~20%	485	7.0%	697	7.3%
屏東縣	29%~30%	538	7.8%	742	7.8%
台東縣	29%~30%	231	3.3%	314	3.3%
花蓮縣	24%~25%	111	1.6%	339	3.6%
澎湖縣	34%~35%	242	3.5%	136	1.4%
基隆市				61	0.6%
新竹市				61	0.6%
台中市				151	1.6%
嘉義市				46	0.5%
台南市				106	1.1%

資料來源：(1)丁志權（民76：34）；(2)教育部國教司提供（民87）。

表三爲行政院七十五與八十六會計年度對各縣市教育人事費補助，在八十七會計年度以前，這筆補助均編列在行政院的「平衡省市預算基金」項下。自七十七會計年度以後這筆經費主要用來提高國小教師員額編制。根據該表歸納要點如下：

1. 就補助比率言，補助比率最高者爲澎湖縣的34%~35%，最低的是台北縣、桃園縣、台中縣的14%~15%。五個省轄市則未給予補助。
2. 就補助總金額言，七十五會計年度爲六十六億元，至八十六會計年度爲九十五億元，十一年之間才增加二十九億元，增加幅度不大。
3. 於八十六會計年度時，已增加對五個省轄市的補助。
4. 本項補助在八十七會計年度時，增加爲一百零一億元，包括兩部分，一部分是八十六會計年度的提高員額編制之補助九十五億四千萬元，另一部分爲補助縣市提高國民中小學基本辦公費五億六千萬元。由此可知，本項補助的特色是用於對各縣市國民教育經常費的補助，與教育部發展與改進國教計畫的補助不同。

　　自八十八會計年度起，上述編列在行政院的「平衡省市預算基金」項下的補助，移撥教育部主管預算的「國民教育補助」項下，使得八十八會計年度教育部主管預算的地方教育補助所占比率，由前一年度的22%，提升至30%。教育部進一步撥款一百三十億元補助地方推動七項教改重大措施所需之人事費用，以利國民教育健全發展。教育部爲發展與改進國民教育工作，歷年來均編列專款補助有關改進國教硬體設施，在相關補助經費中均未補助人事費用。爲推動七項重大教改工作，將運用經費約一百三十

億元補助地方相關人事費用，以減輕其負擔。七項重大教改措施項目如下（教育部，民87.8.11新聞稿）：

1. 直轄市及各縣市國民小學八十七學年度國小一年級以三十五人編班（現為四十人編班）。
2. 直轄市及各縣市國民中學一年級維持總班級數不減少，各學區人口流失之國中不減班，以提前實施降低班級學生人數。
3. 補助台灣省各縣市政府，提高國民中小學教師員額編制。其中內含加強身心障礙教育計畫特教人事費。
4. 高雄市、台灣省及福建省政府所屬縣市立國民小學增置（補足）國小專任幹事一名。
5. 為落實國中常態編班政策，有效提升教師尊嚴及專業素質，補助台灣省各縣市實施常態編班之國民中學，其教師不適任教學需要並符合退休條件者之人事費。
6. 台灣省及金馬地區班級達七十三班（含）以上之國民中小學依員額編制標準補足兩名護理人員，及七十二班以下尚未設置一名護理人員者補足一名，以維護學生健康。
7. 加強輔導行為偏差及適應困難學生，補助省市教育廳局試辦之國民中學專業輔導人員計畫，增置之專業輔導人員四十九名之人事費。

如上所述，自從民國七十年「改善地方財政方案」以來，國小教師員額編製已由六〇年代的1.1人，逐年提升至1.5人，相關教學輔助人員（如特教人員、幹事、護理人員等）日趨齊全。並自八十二學年度起，有計畫地降低班級學生數，希望降至每班最多三十五人為目標，甚有助於國民教育品質的提升。

教育部自八十八會計年度接手行政院這筆補助款後，雖然仍然用於補助各縣市國民中小學人事費，但已由原先對縣市政府的一般補助，改爲指定用途的補助。

肆、近四年來教育部補助地方教育經費

教育部八十六會計年度主管預算總額爲九百六十四億元，其中補助地方教育經費爲一百八十三億元，占 19%；八十七會計年度主管預算爲九百九十七億元，其中補助地方教育經費爲二百二十一億元，占 22%；八十八會計年度主管預算爲一千一百八十九億元，其中補助地方教育經費爲三百五十七億元，占 30%（林清江，民 87）。由此可知，近三年來補助地方教育經費增加了一百七十四億元。

教育部補助地方教育包括國民教育、中等教育、技職教育、特殊教育、原住民教育等。**表四**爲我國教育部八十六至八十九會計年度對中小學補助，由該表可發現三項要點：

1. 以總金額言，教育部對地方教育補助金額成長速度頗快，八十六會計年度時只有一百七十四億元，八十九會計年度增加至四百四十八億元。另有體育衛生補助、原住民教育補助、社會教育補助未列入。教育部八十八年下半年及八十九年度預算中，補助地方教育總金額增加爲五百五十七億元，占教育部主管預算 30.1%。包括補助地方國民教育、中等教育、技職教育、特殊教育、原住民教育等經費四百四十八億元，以及台灣省高中職教職員退撫經費六十九億

表四　我國教育部八十六至八十九會計年度對中小學補助

單位：百萬元

學校別	八十六會計年度		八十七會計年度		八十八會計年度		八十八下半及八十九年度	
	金額	%	金額	%	金額	%	金額	%
合　　計	16716	100%	20973	100%	33499	100%	44848	100%
高　　中	356	2%	461	2%	540	2%	2100	5%
高　　職	504	3%	563	3%	565	2%	771	2%
國中小	15024	90%	18767	89%	31173	93%	39552	88%
特殊教育	832	5%	1182	6%	1221	4%	2425	5%

資料來源：丁志權（民 88：108）。

說明：另有體育衛生補助、原住民教育補助、社會教育補助未列入。

元。其中補助金額最多者爲地方國民教育補助三百八十九億元。

2. 教育部對地方教育補助中，絕大部分爲國民中小學之補助，歷年來之比率均占 88%以上。八十九會計年度時，國民中小學補助金額爲三百九十六億元，占教育部對地方教育補助金總額的 88%。

3. 教育部對地方國民教育補助在八十七會計年度時只有一百八十八億元，在八十八會計年度增加至三百一十二億元，其中主要是將原先列於行政院預算省市平衡基金下約一百億元的國民教育經費補助納入教育部主管預算下。

伍、中央統籌分配稅款

由於自八十八年七月以後台灣省政府組織業務精簡，省府不

再是地方自治團體，新的財政收支劃分法中，省府收支部分已刪除；又因新預算制度自八十九會計年度起改採曆年制，因此，八十九會計年度預算包括八十八年下半年及八十九年，共有一年半期間。

中央政府對地方政府補助款中，補助金額最大的是統籌分配款。依據新公布的財政收支劃分法第八條第二項規定：(1)營業稅改爲國稅，但中央提撥營業稅 40%，所得稅與貨物稅的 10%，作爲對直轄市與縣市的統籌分配稅；(2)原屬省稅的使用牌照稅和印花稅改爲縣市稅；原屬縣市稅的土地增值稅，上繳比率由 40%，減爲 20%。又於第八條第四項規定，菸酒稅提撥 20%依人口比率分配給地方政府（財政部國庫署，民 88；《聯合報》，民 87）。由於縣市政府稅源增加，統籌分配稅款也有增加，因此財政部表示，地方自有財源將由現行的 55%，提高至 65.5%。

在統籌分配稅款方面，依據財政收支劃分法第十六條之一的規定，可歸納爲八項要點：

（一）分配原則

統籌分配款應本透明化及公式化原則分配之，受分配地方政府就分得部分，應列爲當年度稅課收入。

（二）擬訂分配辦法機關

中央統籌分配款之分配辦法，由財政部洽商中央主計機關及受分配地方政府後擬訂，報請行政院核定。

（三）分配款種類

分爲特別統籌分配稅款與普通統籌分配稅款兩類，前者占 6%，後者占 94%。特別統籌分配稅款用於支應受分配地方政府緊

急及其他重大事項所需經費。依據財政部規劃，94%的普通統籌分配稅款中，北、高兩市占 47%，縣市占 35%，鄉鎮市占 12%。行政院初步預定將特別統籌分配稅款撥給縣市。

(四)對直轄市之分配

普通統籌分配稅款算定可供分配直轄市之款項後，應參酌受分配直轄市以前年度營利事業營業額、財政能力與其轄區內人口及土地面積等因素，研訂公式分配各直轄市。

(五)對縣市之分配

普通統籌分配稅款算定可供分配縣（市）之款項後，其中 85% 應依近三年度受分配縣（市）之基準財政需要額減基準財政收入額之差額平均位，算定各縣（市）間應分配之比率分配之：算定之分配比率，每三年應檢討調整一次；可供分配款項的 15%，應依各縣（市）轄區內營利事業營業額，算定各縣（市）間應分配之比率分配之。

(六)對鄉鎮市之分配

普通統籌分配稅款算定可供分配鄉（鎮、市）之款項後，應參酌鄉（鎮、市）正式編制人員人事費及基本建設需求情形，研訂公式分配各鄉（鎮、市）。其中依公式分配之款項，不得低於可供分配總額之 90%。

(七)財政能力與基準財政需要額之計算

各地方政府財政能力與基準財政需要額與基準財政收入額之核計標準及計算方式，應於依前項所定之分配辦法中明定，對於福建省金門縣及連江縣，並應另予考量。

（八）優先支出項目

財劃法第三十七條之一規定，地方政府應就其基準財政收入及其他經常性之收入，優先支應下列各項支出：(1)地方政府編制內員額與經上級政府核定有案之人事費及相關費用；(2)一般經常性支出、公共設施管理維護及依法律規定必須負擔之經費；(3)地方基本設施或小型建設經費；(4)其他屬地方政府應行辦理之地方性事務經費。地方政府依前項規定辦理後，其收入不足支應支出時，應由其所獲分配之統籌分配稅款予以優先挹注。

表五為八十九會計年度中央統籌分配款對各縣市政府之分配，根據該表補充說明如下（《聯合報》，民 88.4.27：4）：

（一）就分配款總數言

分配款總數為一千六百三十八億五千萬元，其來源包括原先

表五　八十九會計年度中央統籌分配款對各縣市政府之分配

單位：億元

縣市別	分配金額	%	縣市別	分配金額	%
1 台北縣	168.1	10.3%	13 屏東縣	135.9	8.3%
2 宜蘭縣	68.7	4.2%	14 台東縣	67.5	4.1%
3 桃園縣	73.8	4.5%	15 花蓮縣	65.4	2.2%
4 新竹縣	46.9	2.9%	16 澎湖縣	49.3	1.3%
5 苗栗縣	75.0	4.6%			
6 台中縣	125.0	7.6%	17 基隆市	42.4	2.6%
7 彰化縣	130.2	7.9%	18 新竹市	21.2	1.3%
8 南投縣	88.7	5.4%	19 台中市	27.9	1.7%
9 雲林縣	93.2	5.7%	20 嘉義市	25.9	1.6%
10 嘉義縣	83.9	5.1%	21 台南市	37.7	2.3%
11 台南縣	110.4	6.7%			
12 高雄縣	101.8	6.2%	合計	1638.5	100.0%

資料來源：《聯合報》，民 88 年 4 月 27 日，頁 4。

規劃分配給縣市 35%的金額為一千零一十八億元。行政院釋出 6%特別統籌分配款一百四十三億元，中央直接補助縣市的三百八十一億元，另外還差九十七億元，將由各部會補助縣市政府的二千多億元中提撥。

此外，原先規劃在 94%的普通統籌分配稅款中，47%補助兩直轄市，分別是台北市八百三十一億元，高雄市二百九十二億元，維持不變。另外，普通統籌分配稅款中，補助台灣省各鄉鎮市的比率為 12%，金額約為二百八十七億元。還有對金門縣與連江縣的補助約二十五億元。

(二)兩個分配原則

行政院主計處表示，台灣省各縣市統籌分配稅款符合兩個基本原則：(1)各縣市基本財政需求差額完全彌補；(2)沒有一個縣市所獲得的財源比財政收支劃分法修正前少。

(三)是各縣市的重要財源之一

例如，分配最多的台北縣，配得一百六十八億元，最少的新竹市也有二十一億元，約占其縣市政府歲入的三分之一至四分之一。因此，中央統籌分配稅款是各縣市的重要財源之一，對縣市政府的正常運作影響甚大。

(四)地方基準財政需求的計算

各縣市「基準財政需要額」主要包括四項：(1)正編制內員工人事費（含退休金）；(2)各項法定福利之經費（例如，健保、勞保、農保、中低收入戶補助、老人津貼等）；(3)辦公費；(4)基本建設經費（依各縣市人口數、土地面積大小、工業從業人口、農林漁牧從業人口、各項營利事業營業額等分配）等（《聯合報》，

民 87.9.16）。

　　綜合上述，對於中央統籌分配稅款性質及其與國民教育財源的關係，進一步說明如下：

（一）中央統籌分配稅款性質上，視同縣市自有財源

　　縣市政府對中央統籌分配稅款可自由運用，相當有助於縣市財政自主的提升。在八十八年六月以前，省統籌分配稅款時代，時多時少，分配毫無制度，往往必須透過關係爭取，甚至被批評為運用省統籌分配稅款在選舉時「綁樁腳」（《自由時報》，民88.9.16：3）。新修正財劃法對統籌分配稅款採公式化、透明化分配，實在是一大進步。

（二）國民中小學教職員薪資已獲保障

　　根據財劃法第三十七條之一規定，地方政府應就其基準財政收入及其他經常性之收入，優先支應地方政府編制內員額與經上級政府核定有案之人事費及相關費用。因此，中央政府在分配統籌分配稅款時，已將國民中小學教職員薪資需求納入「基準財政需要額」中。過去有許多人士經常建議，國民中小學教師薪水由中央負擔，可以說已經實現。應該不會再發生發不出教師薪水的情形。

陸、展望國民教育補助制度

　　由於財政收支劃分法、地方制度法、國民教育法、預算法等相關立法均已公布施行，我國教育行政與財政體制，自八十八年

七月一日起，已由三級制時代，進入二級制時代。國民中小學教職員人事費問題，已納入「基準財政需要額」中，由中央統籌分配稅款支應，使得國民教育經費財源問題，可以說至少解決了75%。綜合上述，對於未來我國國民教育補助制度，本文僅提出六點淺見。

一、國民教育經費優先編列已成為全民共識

由於各縣市教育預算均已超過憲法第一六四條之 35% 的規定，甚至有的縣市超過 50%。因此過去憲法第一六四條對教科文經費的保障，助益不大。八十六年七月二十一日總統公布憲法修正案，第十條第八款規定：「教育、科學、文化之經費，尤其國民教育之經費應優先編列，不受憲法第一百六十四條規定之限制。」

八十八年六月二十三日公布的教育基本法第五條第一項亦規定：「各級政府應寬列教育經費，並合理分配及運用教育資源。對偏遠及特殊地區之教育，應優先予以補助。」同條第二項亦規定：「教育經費之編列應予以保障；其編列與保障之方式，另以法律定之。」

國民中小學教育主要由縣市辦理，但是依目前情形看來，很顯然地，縣市財源無法充分支應，且精省後，在新的二級政府體制下，如何落實憲法保障「國民教育之經費應優先編列」之意旨，尚待進一步規劃。

二、國民教育發展仍將由教育部主導

　　近年來，教育部編列的地方教育補助經費逐年提高，甚至原先編列在行政院預算項下的國民教育補助，自八十八會計年度起也移交教育部運用。在發展與改進國民教育計畫時期，平均每年教育部補助約為五億元，至八十八會計年度增加至三百一十二億元，八十八下半年及八十九年度更增加到三百九十六億元，金額增加相當快速。補助金額增加，代表教育部主導力量增加。

　　其次，在人事費補助方面，由於國民中小學人事費已納入「基準財政需要額」中，因此，提高國民中小學教師員額編制，並不會增加縣市財政負擔。只是在提高員額的第一年，其所增加的薪資尚未納入「基準財政需要額」中，需要有額外財源，這方面財源如縣市有困難，則教育部可予以補助。例如，目前教育部對降低班級學生數所增加之教師，以及增加輔導教師、護士、幹事等人員的薪資補助。第二年便可納入「基準財政需要額」中，由統籌分配稅款支應。

　　此外，在建築設備的充實方面，以往國民中小學建築設備的改善大多依賴教育部、教育廳的補助，由於財政收支劃分法修正後，縣市財力並無明顯改善，因此，在這方面仍有賴教育部的補助。如前述，目前教育部八十八會計年度國民教育設施補助三大計畫（整建國中小學設施計畫、教育優先區計畫、資訊教育基礎建設計畫），使國民中小學各項設施，在短期內全面性改善，對提升國民教育品質影響甚大。

三、縣市及學校宜加強教育政策規劃

　　根據設計、計畫預算制度（PPBS）的精神，先建立施政當局遠大而明確的目標，然後運用系統分析與成本效益分析及管理科學的方法，從數個可選擇的方案中，選擇最經濟有效的計畫方案，再分年按照績效預算的方法編成年度預算。使目標的設計（planning）、計畫的擬訂（programming）與預算的編籌（budgeting）三種相結合，以提升經費運用的績效。

　　政府財源有限，待辦事務繁多，教育經費的爭取必須有周詳的規劃，否則難以取得政府與民眾的認同與支持。我國曾經在八十二會計年度與八十三會計年度實施校務發展計畫的補助，希望教育補助與學校中程發展計畫結合，以發揮經費運用效率，立意甚佳，但只有二年便草草了事。主要是由於教育補助項目與縣市及學校需求無法密切配合，以及執行時間倉促等因素，而其中非常重要的原因之一是縣市及學校的教育政策規劃不盡完善。今後應加強各縣市與各學校對其教育發展目標與優先順序的規劃，由下而上，才能將有限經費用在最需要的地方。

四、創設一般教育補助制度，獎勵辦學努力及績效
　　良好縣市

　　目前已經立法院一讀的「教育經費國庫負擔法草案」第六條規定，中央政府對地方政府之教育補助包括基本補助、均等補助及獎勵補助。教育部所擬「教育經費編列與保障基準法草案」第六條第三項規定，中央政府應就第一項計算之地方政府教育經費

基本需求，扣除地方政府應分擔之差額，編列對地方政府之一般教育補助預算。上述所謂「均等補助」是指對地方自有財源較低地區的補助，以及「地方政府教育經費基本需求」，此兩者用意均在矯正各縣市財力的差異，中央統籌分配稅款已具有此種功能，教育部的教育經費補助不必再用於這方面。

根據教育部所擬「教育經費編列與保障基準法草案」第四條第一項規定，中央政府對教育事業之經費補助，包含一般教育補助及特定教育補助。而所謂「一般教育補助」是指用於教育事業支出，不限定其支用方式與項目。教育部的教育經費補助重點應在獎勵補助方面，以「一般教育補助」獎勵辦學努力及績效良好的縣市，而此種「一般教育補助」縣市政府可自由運用於任何一項教育措施。

五、教育捐收入應名副其實用於教育，否則宜取消

八十八年二月三日修正公布的國民教育法第十六條第一項第三款規定：「為保障國民教育之健全發展，直轄市或縣（市）政府，得依財政收支劃分法第十八條第一項但書之規定，優先籌措國民教育所需經費。」此一修正條文配合精省作業，把原先國民教育法所規定的「省（市）政府」刪除，且八十八年一月二十五日修正公布的財政收支劃分法第十八條第一項規定為：「各級政府對他級或同級政府之稅課，不得重徵或附加。但直轄市政府、縣（市）政府為辦理自治事項，籌措所需財源，依地方稅法通則規定附加徵收者，不在此限。」目前的問題卡在「地方稅法通則」尚未提出，導致縣市政府減少了每年約五十億元的教育捐收入。

其次，教育捐之徵收源自民國五十七年為籌措九年國教財

源，多年來，均以「教育」爲名，但在統籌統支財政制度下，教育捐收入並不一定用於教育，今後應努力爭取，將教育捐收入用於教育事務，否則便應取消。

六、兼顧教育經費的投入面與產出面

根據教育部所擬「教育經費編列與保障基準法草案」第六條第一項規定：「行政院教育經費基準委員會依照學校與其他教育機構之層級、類別、規模、所在位置、教育品質指標、特殊需求及其他影響教育成本之因素，訂定教育經費計算基準，以計算各級政府下年度教育經費基本需求，並參照各級政府財政能力，計算各級政府應分擔數額。」此一規定旨在從需求面保障教育經費財源，使至少能提供教育的基本需求。

一九八〇年代以來，在美國的學校財政改革運動中，除了原先公平目標的訴求外，更強調教育經費的充足（the goal of adequacy），提供高品質的教育。近年來更強調「結果導向」（result-oriented）或「標準本位」（standards-oriented）的改革，希望教育經費的投入，也能相對地提高學生的學習成就（higher achievement for all students）（Odden & Clune, 1998）。教育部所擬「教育經費編列與保障基準法草案」第十一條規定，各級主管教育行政機關對公、私立學校及其他教育機構應規劃並推動相關評鑑工作。並應於評鑑前公布評鑑指標，並於評鑑後公布評鑑結果。近年來，教育部也積極推動各種評鑑工作，但各方對評鑑規準有不同意見，導致評鑑結果公布後引起諸多爭議。未來我國教育財政除了從投入面（input）確保經費的充足外，如何從產出面（output）評鑑教育經費運用績效，也是重點之一。

參考書目

一、中文部分

丁志權（民 88），《中美英三國教育經費財源與分配制度之比較研究》，台北：師大書苑。

丁志權（民 82），〈中美英三國教育預算制度之比較研究〉，台北：國立政治大學教育研究所博士論文，未出版。

丁志權（民 76），〈中日美英四國地方教育財政制度之比較研究〉，高雄：高雄師院教研所碩士論文，未出版。

《自由時報》（民 88.9.16），〈蘇志誠上電視批宋，猛攻統籌款〉，頁 3。

林文達（民 75），《教育財政學》，台北：三民。

林全、王震武、林文瑛（民 85），《中央對國民中小學教育經費補助制度之研究》，台北：行政院教育改革審議委員會編「教改叢刊」AE19。

施能傑（民 83），《中央國教經費補助款運用之研究》，台北：教育部。

教育部（民 88），《教育經費編列與保障基準法草案》。

教育部（民 88），《教育部 89 年推動教育優先區計畫》，台北：編者。

教育部（民 81），《教育部公報》，第 213 期。

教育部（民 82），《教育部公報》，第 227 期。

國立教育資料館（民 87），《中華民國教育年報》，台北：編者印行。

蓋浙生（民 88），《教育財政與教育發展》，台北：師大書苑。

蓋浙生、陳麗珠等人（民 83），《我國教育經費發展與評估之研究》，第七次全國教育會議參考資料（九），台北：國立教育資料館。

《聯合報》（民 88.4.27），〈稅款分多少，縣市都嫌少〉，頁 6。

二、外文部分

Odden, Allan & Clune, William H. (1998). School finance systems：Aging structures in need of renovation. In *Educational Evaluation and Policy Analysis*, 20(3), pp.157-177.

Swanson, A. D. & King, R. A. (1997). *School finance*. N.Y.：Longman.

跨世紀教育的回顧與前瞻　　　　比較教育叢書 10

主　　　編／中國教育學會

出 版 者／揚智文化事業股份有限公司

發 行 人／葉忠賢

總 編 輯／孟樊

執 行 編 輯／鄭美珠

登 記 證／局版北市業字第 1117 號

地　　　址／台北市新生南路三段 88 號 5 樓之 6

電　　　話／(02)2366-0309　2366-0313

傳　　　真／(02)2366-0310

E－mail ／ tn605547@ms6.tisnet.net.tw

網　　　址／http://www.ycrc.com.tw

印　　　刷／偉勵彩色印刷股份有限公司

法律顧問／北辰著作權事務所　蕭雄淋律師

初版一刷／2000 年 2 月

I S B N ／957-818-082-9

定　　　價／新台幣 250 元

郵政劃撥／14534976

國家圖書館出版品預行編目資料

跨世紀教育的回顧與前瞻 ＝ Education across
the century：retrospect and prospect ／
中國教育學會主編. -- 初版. -- 台北市：
揚智文化，2000 [民 89]
　　面；　公分. -- （比較教育叢書；10）

ISBN　957-818-082-9（平裝）

1.教育 – 論文，講詞等

520.7　　　　　　　　　　　　　88016714

揚智文化事業股份有限公司

中國人生叢書

A0101	蘇東坡的人生哲學—曠達人生 ISBN:957-9091-63-3 (96/01)	范　軍/著 NT:250B/平
A0102A	諸葛亮的人生哲學—智聖人生 ISBN:957-9091-64-1 (96/10)	曹海東/著 NT:250B/平
A0103	老子的人生哲學—自然人生　ISBN:957-9091-67-6 (96/03)	戴健業/著 NT:250B/平
A0104	孟子的人生哲學—慷慨人生　ISBN:957-9091-79-X (94/10)	王耀輝/著 NT:250B/平
A0105	孔子的人生哲學—執著人生　ISBN:957-9091-84-6 (96/02)	李　旭/著 NT:250B/平
A0106	韓非子的人生哲學—權術人生 ISBN:957-9091-87-0 (96/03)	阮　忠/著 NT:250B/平
A0107	荀子的人生哲學—進取人生　ISBN:957-9091-86-2 (96/02)	彭萬榮/著 NT:250B/平
A0108	墨子的人生哲學—兼愛人生　ISBN:957-9091-85-4 (94/12)	陳　偉/著 NT:250B/平
A0109	莊子的人生哲學—瀟灑人生　ISBN:957-9091-72-2 (96/01)	揚　帆/著 NT:250B/平
A0110	禪宗的人生哲學—頓悟人生　ISBN:957-9272-04-2 (96/03)	陳文新/著 NT:250B/平
A0111B	李宗吾的人生哲學—厚黑人生 ISBN:957-9272-21-2 (95/08)	湯江浩/著 NT:250B/平
A0112	曹操的人生哲學—梟雄人生　ISBN:957-9272-22-0 (95/11)	揚　帆/著 NT:300B/平
A0113	袁枚的人生哲學—率性人生　ISBN:957-9272-41-7 (95/12)	陳文新/著 NT:300B/平
A0114	李白的人生哲學—詩酒人生　ISBN:957-9272-53-0 (96/06)	謝楚發/著 NT:300B/平
A0115	孫權的人生哲學—機智人生　ISBN:957-9272-50-6 (96/03)	黃忠晶/著 NT:250B/平
A0116	李後主的人生哲學—浪漫人生 ISBN:957-9272-55-7 (96/05)	李中華/著 NT:250B/平
A0117	李清照的人生哲學—婉約人生 ISBN:957-8637-78-0 (99/02)	余莒芳、舒靜/著 NT:250B/平
A0118	金聖嘆的人生哲學—糊塗人生 ISBN:957-8446-03-9 (97/05)	周　劼/著 NT:200B/平
A0119	孫子的人生哲學—謀略人生　ISBN:957-9272-75-1 (96/09)	熊忠武/著 NT:250B/平
A0120	紀曉嵐的人生哲學—寬恕人生 ISBN:957-9272-94-8 (97/01)	陳文新/著 NT:250B/平
A0121	商鞅的人生哲學—權霸人生　ISBN:957-8446-17-9 (97/07)	丁毅華/著 NT:250B/平
A0122	范仲淹的人生哲學—憂樂人生 ISBN:957-8446-20-9 (97/07)	王耀輝/著 NT:250B/平
A0123	曾國藩的人生哲學—忠毅人生 ISBN:957-8446-32-2 (97/09)	彭基博/著 NT:250B/平
A0124	劉伯溫的人生哲學—智略人生 ISBN:957-8446-24-1 (97/08)	陳文新/著 NT:250B/平
A0125	梁啓超的人生哲學—改良人生 ISBN:957-8446-27-6 (97/09)	鮑　風/著 NT:250B/平
A0126	魏徵的人生哲學—忠諫人生　ISBN:957-8446-41-1 (97/12)	余和祥/著 NT:250B/平
A0127	武則天的人生哲學	陳慶輝/著
A0128	唐太宗的人生哲學　　　ISBN:957-818-025-X (99/08)	陳文新、曾凡玉/著 NT:300B/平

比較教育叢書

購書辦法說明

一、信用卡付款訂購請於網站（www.ycrc.com.tw）列印出訂購單表格。

二、加入網站會員者（不論地區）隨時可得到本網站所提供最新書訊，台、澎、金、馬會員並可享8.5折優待（限信用卡付款），非會員9折優待（限信用卡付款）。

三、台灣（含台、澎、金、馬）

信用卡付款訂購（有上網者適用）

依書定價會員8.5折優待，非會員9折優待，每次訂購（不論本數）加掛號郵資NT60元整。

郵政劃撥（一般讀者適用）

- 依書的定價銷售，每次訂購（不論本數）另加掛號郵資NT60元整。
- 請在劃撥單背面將書名、作者、數量及郵購者姓名、住址，詳細正楷書寫，以免誤寄。
- 請將書款交由當地郵局，免費劃撥14534976號【揚智文化事業股份有限公司】帳戶或用郵局、銀行匯票掛號郵寄台北市新生南路三段88號5樓之6【揚智文化事業股份有限公司收】。
- 同業批發、學校機關團體及圖書館大批採購者，另有優待，請聯絡本公司業務部。

四、中國大陸（含港、澳地區）

信用卡付款訂購（有上網者適用）

- 無論會員或非會員，皆依書的定價銷售。
- 匯率依下訂單當日台北外匯匯率折算。
- 購書寄送郵資計算如下：
  - a.每次購書NT1000元以上，寄水陸掛號郵資為書款×0.3，寄航空掛號郵資為書款×0.7。
  - b.每次購書NT1000元（含）以下，寄水陸掛號郵資為NT300元，寄航空掛號郵資為NT700元。

五、海外批發辦法

- 海外同業批銷本公司出版圖書，按本公司批發折扣優待，代理之圖書按原出版社規定批發折扣。
- 批購圖書請詳列書名、作者、出版社、數量及包裝寄運方式（郵寄或裝箱貨運、平郵或空郵、掛號、保險與否等）。郵寄包裝費用由客戶承擔。
- 貨運費以新台幣或美金（按當時台北外匯匯率折算成新台幣）、劃線支票或信匯寄交本公司。
- 書籍除裝幀錯誤、缺頁或誤配等情形外，恕不退換。

六、何時可以收到書

- 台、澎、金、馬地區約1-2星期內可收到書。中國大陸（含港、澳地區）寄水陸掛號約2個月可收到書，寄航空掛號約2個星期可收到書。

信用卡專用訂購單

(本表格可重複影印使用)

· 請將本單影印出來，以黑色筆正楷填妥訂購單後，並親筆簽名，利用傳真02-23660310或利用
  郵寄方式，我們會儘速將書寄達，若有任何問題，歡迎來電02-2366-0309洽詢。
· 歡迎上網http://www.ycrc.com.tw免費加入會員，可享購書優惠折扣。
· 台、澎、金、馬地區訂購9本（含）以下，請另加掛號郵資NT60元。

訂購內容

書　號	書　　名	數　量	定　價	小　計	金額NT(元)

訂購人：　　　　　　　　　　　　　（A）書款總金額NT（元）：
寄書地址：　　　　　　　　　　　　（B）郵資NT（元）：
　　　　　　　　　　　　　　　　　（A+B）應付總金額NT（元）：

TEL：
FAX：
E-mail：
發票抬頭：　　　　　　　　　　　□二聯式　□三聯式
統一編號：
信用卡別：□VISA □ MASTER CARD □JCB CARD □聯合信用卡
卡號：
有效期限（西元年/月）：
持卡人簽名（同信用卡上）：
今天日期（西元年/月/日）：
商店代號：01-016-3800-5　　　授權碼：（訂書人勿填）

版權所有　揚智文化事業股份有限公司
地址：106台北市新生南路三段88號5樓之6
TEL：886-2-23660309 FAX：886-2-23660310
E-mail：tn605547@ms6.tisnet.net.tw